聽損兒童 聽覺技巧訓練課程

【第二版】

管美玲　編著

【編著者簡介：管美玲】

現任婦聯聽障文教基金會總幹事，曾任中華民國聽力語言學會理事長，同時也是資深聽力師，在台灣幼兒聽力與聽損早療領域，素負盛名。

十六年前，婦聯會開始推動社會福利工作，當時任職於台北榮總耳鼻喉部的管美玲女士，為婦聯會規劃了一套零至三歲聽損兒童早療課程，對日後台灣聽損療育由四歲向下延伸產生了巨大的影響。除此之外，尚以志工身分風雨無阻地來往於醫院和婦聯會之間，除義務指導聽損兒童教學及提供家長諮詢服務之外，亦為推動台灣聽損早療事工奔忙，諸如推動新生兒聽力篩檢及聽損療育、爭取聽損社會福利等。及至一九九六年二月婦聯聽障文教基金會成立，管女士更義無反顧地放棄逾十七年的公務員資歷，應聘擔任基金會總幹事至今。

投身聽損早療二十多年的管美玲女士，為使聽損療育的腳步跟得上科技進步的速度，近年來致力於聽損兒童多元智能教學之研究，同時為提升台灣聽損醫療品質，更規劃成立振興醫院聽覺醫學中心及附設顳骨實驗室，首開醫療與教育跨領域整合之先例。二○○六年獲得第四屆早療棕櫚獎的肯定之後，管女士也期許自己能為聽損領域貢獻更多的心力。

【推薦序】

基金會成立不久，在幾次參與會務中，發現老師們花許多時間在設計教案上，在時間的運用上很不經濟。因此，希望基金會能編輯一套課程，供教師使用。多年下來總不見行動，後來才明白，國內的聽覺訓練課程大多以國外教材翻譯而成，有些教材提綱挈領的陳述，難以掌握教學原則；有些教材結構鬆散，在實際應用上有瓶頸；更重要的是語言文化的差異，在轉換上需要有國內學術研究的依據。即使克服了這些問題，仍然需在實際教學上不斷嘗試錯誤以驗證書本上的論理。大家都說懷胎十月非常辛苦，這套聽覺技巧訓練課程孕育了十年，用「熬煉」兩字來形容應不爲過。

基金會一向著重實務工作，成立聽損早期療育中心、聽覺醫學中心、顳骨實驗室等，無一不是希望提升聽損第一線的服務品質。事實上，硬體的改善容易，軟體的精進則不僅需要結合衆人的智慧，還需要有共同的理念和願景，誠屬不易。基金會十分有幸，有一個樂於奉獻的董事會和一個積極進取的專業團隊，共同爲「讓聽損者有尊嚴地生活在有聲世界裡」的願景而努力；而滿足聽損者不同階段的需求和培養服務聽損者的專業知能是達成此願景的努力方向。以往的發展重點在於滿足聽損者的需求，今後基金會將推動更多專業提升的工作。聽覺技巧訓練課程的出版是第一步，還望前輩及專家學者不吝指正，基金會也歡迎有興趣者加入我們的行列，共創聽損者無障礙的未來。

婦聯聽障文教基金會董事長

章嚴倬雲　謹識

2007 年 2 月

【二版序】

一九九六年筆者帶著聽力師的專業進入婦聯聽障文教基金會，當時正是人工電子耳手術施行在聽損兒童的起步階段，因此聽能訓練和聽覺復健的專業知能，不論在特教界或聽語界均開始廣受重視。筆者有鑑於會內老師對於聽能訓練和聽覺復健的意涵有些困惑，因此將 Boothroyd（1988）所提出的聽損兒童聽覺復健經營的模式，應用在個案教學及其家庭服務計畫中。在這涵蓋父母經營、兒童社交與情緒經營、聽力學經營、聽覺經營、認知語言經營及言語經營六大面向的模式中，每一面向都有其獨立的目標，而聽覺經營的目標即是聽能訓練的目標——發展聽覺技巧。當定義清楚後，老師們多覺得聽覺技巧訓練是整個聽覺復健課程中最困難的教學；尤其當聽損兒童已具有相當的聽理解和口語表達時，聽覺技巧的訓練似乎很難找到著力點。

老師的困境是來自於當時國內欠缺結構化的聽覺技巧課程及可對應課程內容的評估工具。筆者因而參考了四種國外較大聽損兒童聽覺訓練課程與教材（SPICE、ASC、Auditory Skills Program、Auditory Training），其理論所見略同，內容與結構的範疇都脫離不了發展聽覺技巧四個層次爲目標，課程開始前也都提供了聽覺能力測驗或聽覺能力檢核的工具或方法。陳小娟教授也曾經將這些內容經過編譯或翻譯介紹給國內聽損教學工作者。因此筆者延用了國內外普遍認同的聽覺訓練架構，活動內容則依國語語音特質和語法結構修訂成教學手冊，成爲老師進行聽覺技巧訓練的依據。爲免混淆且能望文生義，改以「聽覺技巧訓練」的名稱取代以往的「聽能訓練」。

【二版序】

本書於二〇〇七年出版後，承蒙各界的厚愛，至今已一版二刷，即將再版。剛出版時，婦聯聽障文教基金會辦了好幾場研習會，說明聽覺技巧評估和訓練的架構，與會者雖反應熱烈，但因尚未在臨床上實際應用，有些隱藏的問題未能顯現。這兩年陸續有使用者透過面對面或電子郵件的方式，和筆者討論個案訓練時相關的問題。這些問題中較多的是施測的問題和成人人工電子耳術後訓練的問題，正好這幾年有不少高年級學生和成人，在手術後進入基金會附設台北至德聽語中心接受聽覺技巧訓練課程，因而筆者可用實際個案個人的感覺和呈現的結果說明，讓使用者更了解如何使用本書。

爲了讓讀者能順利進入實務課程的規劃，筆者趁這次再版，將婦聯聽障文教基金會施測時所用的表格放在本書附件中。另外還增加示範版的說明，使施測的內容和方法更易明瞭，讀者可照表施測，並依指示進行施測後下一步的工作，但施測所使用的材料仍然要施測者自行擬定。而空白版則方便影印，施測者可自行填寫施測材料，應用在不同的個案上。筆者亦將較常被問的五個問題，用問答方式呈現並放在附件中，期望讀者使用本訓練課程更有成效。

本書能順利付梓並再版，首先要感謝基金會辜嚴倬雲董事長及董事會對聽損療育工作的支持，以及基金會夥伴們在訓練工作上的落實與回饋，驗證了此課程的實用與成效。其次要感謝梅心潔組長初版和再版時協助匯整資料、編輯內容；楊淑雯老師協助校訂與邱文貞聽力師協助繪圖；葉靜雯主任再版時協助測驗表格的匯整。最後要感謝的是亦師亦友的陳小娟教授總在困難處伸出援手，因有她的指導與鼓勵，本書才得以完成。期望本書的出版，對本土教材的不足能略盡棉薄之力，達到

【二版序】

抛磚引玉之效，引起更多專業人員注意與投入，這才是聽損族群的最大福音。筆者雖力求完善，但因個人才疏學淺，書中難免有不周之處，尚祈學界賢達先進不吝指正。

婦聯聽障文教基金會總幹事

管美玲　謹識

2011 年 11 月

目錄

CONTENTS

第一篇

本書概論

聽損兒童的口語教學法，雖早在十九世紀後半葉便開始盛行，但早期的口語教學法並不包括聽覺技巧訓練，直至二十世紀後半葉，由於聽力學、教育學以及電子工業的進步，才了解聽覺技巧訓練可以增進聽知覺理解力，並能促進說話和學業的發展，爾後聽覺技巧訓練漸成為口語教學中不可或缺的課程。雖然有不少研究指出不管聽力損失多嚴重，聽損兒童都可以藉由聽覺技巧訓練開發聽覺潛能，學習從聽覺線索中獲得語音的訊息，以增進口語的學習。然而不可否認，對於聽力損失重度以上的兒童，聽覺技巧訓練的成效對於口語的學習仍有相當的限制。一九八〇年代後，科技快速發展，人工電子耳在人體植入成功，並證實能大幅提升重度以上聽損兒童的聽語學習成效，聽覺技巧訓練因而廣受肯定與重視。

聽覺技巧訓練的目的是提供聽覺系統豐富多樣的刺激及不斷重複的訊息，使聽損兒童能在其聽損條件下，發展出自己的聽覺技巧及聽覺策略，以增進認知概念的發展和語言的學習。聽覺技巧有察覺、分辨、辨識及理解四個層次——「**察覺**」是知道環境中聲音是否存在的能力；「**分辨**」是能區分聲音異同的能力；「**辨識**」是可以指出、說出、寫出聲音名稱的能力；「**理解**」則是運用語言知識了解聲音意義的能力。聽力正常的兒童在一歲前這些技巧便已逐步發展，為學習語言做好準備。聽覺策略則是在聽覺技巧精熟的過程中，運用一些方法來提高訊息的獲得、儲存、提取、使用及整合，幫助聽損兒童在不完整、扭曲的聲音訊息中，或無結構化的聽覺環境中，依然能掌握聽覺線索，達到學習和溝通的目的。

語言的發展和聽覺技巧的發展是並行的，聽力正常兒童語言的習得是從聽覺經驗中自然而然地發展出來，發展過程中也不需特別注重聽覺技巧的訓練，然而聽覺損傷會造成聽覺系統在處理聲音訊號時產生質與量的改變，影響語音知覺的發展。所幸語音知覺的能力可以透過訓練來改善，因此聽損兒童語言的學習雖然和正常兒童有同樣的過程，但若要讓學習更有成效，聽覺技巧訓練是必須的，且要有具體的結構和目標。聽損兒童為了達到某項聽覺技巧的發展，除了課堂裡的教學目標和練習外，即使在自然環境中，老師或父母仍要設定特定的目標，提供練習的機會，聽損兒童才能將習得的技巧類化到實際的生活情境中。

就神經發展的機制而言，聽損兒童的聽覺技巧訓練越早開始越好，然而嬰幼兒聽覺技巧訓練的方法、評估的工具及互動的技巧與年紀較大兒童截然不同。嬰幼兒是由「聽」來發展語言和認知的，嬰幼兒期是各種感知覺發展最旺盛的時期，認知和語言的學習無一不是融合在日常生活各種感知覺的活動中，因此聽覺技巧訓練是不能用抽離其他感知覺的方式來進行。而對於年紀較大兒童，聽覺經驗已使得他們各層次的聽覺技巧都有一些發展，同時也建立了認知和語言的知識和概念。雖然各層次聽覺技巧仍要精進，但訓練的重點會放在聽理解層次的聽覺記憶長度及順序上，來增進詞彙學習、語言結構及閱讀先備技巧的習得。所用的教學材料及傾聽環境，可以脫離情境，採單一感官訓練。本書採用 Auditory Skills Program（Romanik, 1990）的架構，主要是針對三歲以上聽損兒童所擬定的課程，故在音素或超語段的聽辨與發音著墨較少。但修改了許多語言上的差異，如：六音測驗、音素分辨訓練及語言活動設計等；也增加了許多活動設計說明，希望在觀念上有所釐清，使得訓練者能正確運用。

聽覺技巧訓練課程的主要架構，內容分為兩部分：一為聽覺能力測驗，一為聽覺技巧訓練課程（見聽覺技巧訓練課程架構圖，頁 29）。聽覺能力測驗可以快速地找出聽損兒童聽覺技巧發展的程度，以便選擇適當的單元開始訓練，老師或聽損兒父母可以參考本書的聽覺能力測驗，也可以採用市面上已通行的正式評量工具或檢核表來了解孩子的能力。聽覺技巧訓練課程則包含語音察覺章及聽理解章，聽理解章又包含段落理解、句子理解和字詞理解三個單元。

正常聽力的嬰幼兒，在出生後三個月內便有能力分辨語音中的細微差異，六個月之後便能逐漸發展出詞彙理解，往後詞彙量的擴增、句型理解的複雜化，都與聽覺技巧持續精熟有關。聽覺技巧雖有四個層次，並非涇渭分明地獨立發展，也非一個層次發展完成才開始另一層次的發展。本書的聽覺技巧訓練課程各章各單元的訓練活動，依能力測驗結果進行單獨或並行訓練（見聽覺技巧訓練課程架構圖）。在每章訓練課程開始前，會先說明本章的意義、內容、注意事項及教材選擇原則等事項供讀者參考，但聽覺技巧訓練課程並不是制式不變的，讀者可以依據學生的需求與能力，自行增減修改內容，創造出符合學生程度的訓練課程。

不過這裡要再次強調兩點：㈠聽覺技巧訓練課程雖對加速目標技巧的發展幫助極大，但課堂裡在環境、時間和人際的互動上都有侷限，因此在課堂裡習得的技巧，仍然要在生活環境裡多多練習及運用，技巧才能轉化或類化到溝通上。㈡聽覺技巧訓練只是補強聽損兒童的弱勢能力，即使聽力正常的孩子其認知發展與語言發展的快慢都各有不同，因此聽損兒童聽覺技巧訓練的成效不等於認知和語言學習的成效，也不能預測孩子未來獨立生活的能力；畢竟學習和解決問題的能力是多面向的，它是優勢能力和弱勢能力組合的整體表現。父母及教育者要在孩子的優勢能力上建立孩子學習的信心和樂觀的學習態度，使孩子能以正面的態度面對聽覺技巧訓練時的困難及挫折。

第二篇

施測與上課注意事項

在開始進行聽覺能力測驗及聽覺技巧訓練課程前，老師必須先了解施測與上課的基本原則與技巧。這些原則與技巧是不容忽視的，它能協助學生在聽覺能力測驗時，或聽覺技巧訓練課程中得到適切的進展。

一、選擇與營造合宜的環境

1. 選擇一個安靜的教室或安靜的環境來進行測驗或訓練課程，訊噪比在十五至二十五分貝是較佳的聽取環境。
2. 教室中使用隔音及吸音建材，如：地毯、吸音板、吸音棉等，可以隔絕噪音及避免回響，學生才能專注地進行測試或學習。
3. 營造一個輕鬆學習的環境與快樂學習的氣氛，讓學生在心情放鬆下愉悅地學習。

二、檢視助聽輔具的功能

1. 確認助聽輔具各功能是否正常、與調頻系統連結使用是否適當、訊號是否持續、音質是否正常、音量是否合宜。
2. 參考婦聯聽障文教基金會設計的助聽輔具檢核表（參見附件一與附件二），可使每天的檢查工作完整。

三、適當的距離與說話音量

1. 老師平行坐在學生優耳旁邊（師生面向同一方向），不要太靠近學生的麥克風，最好的距離範圍約三十公分。如果學生對某些聲音沒有反應，可以靠近一些。近距離說話時，應要避免語音中的氣流線索影響察覺或辨識。
2. 老師在上課時，擔心聽損學生聽不清楚或為了對抗周圍吵雜的聲音，常不自覺的提高音量，但是太大聲會使韻母響度提升，使聲母響度相對變小，不利於聲母的聽取。同時，太大聲也容易啓動助聽器的壓縮裝置，造成聲音失真；而太小聲則會讓語音模糊不清，因此較佳的方式是使用一般對話的音量即可。

四、老師說話的技巧

1. 說話時表情要自然，不需要刻意誇大口型或表情，誇大的口型會喪失超語段的線索，不利語言的學習；過分誇大表情則容易養成學生依賴視覺線索的習慣，而忽略聽的專注。
2. 為減低學生對視覺的依賴，在訓練之初避免使用視覺線索，以培養學生「聽」的習慣。當學生不再依賴視覺的時候，便可用自然的方式在生活情境中與人溝通。
3. 施測或訓練時，請務必使用完整的句型，勿只使用詞彙或片語，因為這會降低學生從語言中尋找線索的能力，而這些線索就是學生必須學會聽取的。另外，單一詞彙的刺激也會造成學生說話時的速度和韻律的負面影響。完整的句型並非指複雜的句子，而是語法結構完整、能清楚表達意思的句子，其中亦包含了豐富的超語段特質。如此，學生在聽的過程中除了可習得完整的句法，說話時也較有抑揚頓挫的變化。
4. 說話速度要適中，說話速度太快，會增加聽取的困難；太慢則會影響超語段的訊息。此外，還要加強關鍵詞的語氣，使學生容易擷取到重要的字詞，讓聽取更容易。

五、選擇適當的活動目標

1. 老師必須先正確掌握學生的基本能力，才能選擇出合適學生的活動目標。目標太難，如超過 50%的內容學生都無法正確反應，這很容易讓學生感到挫折；目標太簡單，如超過 80%的內容學生都能正確回答，這也無助於學生的學習。合適的目標是指學生現有的聽覺技巧所能引發出的新技巧。
2. 年齡較小的學生於訓練時，雖是由學生的興趣引導教學，但老師仍要將目標融合在互動的活動中。
3. 老師要了解學生的興趣，選擇學生有興趣的教材與活動，才易引起學生學習的動機。

六、刺激音的選擇

1. 不論施測或訓練所使用的刺激音，都必須是語音。如果為了引導學生學習或增加學習趣味時，可以使用其他材料，但很快要轉換成語音。
2. 刺激音選擇的原則：刺激音的差異程度由大到小；刺激音的難度由易察覺到不易察覺；刺激音的給予由熟悉到陌生；刺激音的組合由結構化到隨機性；刺激音的型態由閉鎖式到開放式；刺激音前後文的相關度由高相關到低相關；刺激音的訊噪比由佳到差；刺激音的選擇需符合學生的程度。

七、呈現教學活動時

1. 若學生單獨使用聽覺聽取訊息有困難，可以加入視覺線索。但是，一旦達到目標，則要轉換成單獨使用聽覺聽取訊息。
2. 當學生可以用指認的方式辨識刺激音後，可要求學生嘗試開口說。
3. 刺激音的呈現應隨機出現，不可給予學生視覺線索，如：老師不要按照桌上圖卡的順序說；也不要給予前後文線索，如：我要喝水、我要吃飯。
4. 老師在每堂課準備訓練目標的教材時，應同時準備低於此目標及高於此目標的相關教材，以便在課堂中視學生的表現，適當地調整教學的難易度，讓學習更有效能。

八、變化學生回應的方式

1. 聽覺技巧訓練需要學生集中注意力，故學生容易疲勞或覺得枯燥。因此學生聽到聲音的回應方式，應多元且饒富趣味，例如：可用仿說、舉手、賓果、搶答及指正等方式，這樣學生較不容易感到無聊，會更投入。但回應方式的選擇，要符合學生認知的能力。
2. 如果學生無法根據指令做出回應或不知如何回應，可以請父母或者同儕協助示範。

九、用正增強的方式增加學生的信心

1. 當學生發出與教材相關的聲音，要立刻給予增強，以增加他再度發音的企圖。因為適時給予學生鼓勵，可以增加學生的信心及學習的動機。
2. 學生說得不清晰或有錯誤，老師要欣然接受，不要立即指正或要求學生一而再地重述正確語句，如此會讓學生失去信心並害怕說話。老師可以在整個活動中，用正確的語音形態或語句，補充或修正學生不完整的句子，讓學生有多聽的機會；或者請父母做錯誤的示範，由老師指導父母的過程中讓學生了解正確的用法，然後自然地使用完整正確的句子。

十、建立學生健康的自我形象及成功的感覺

1. 即使課程內容有些困難，但是在每堂課結束前的活動設計，一定要讓學生能成功地執行。
2. 活動設計的難易百分比，要視學生的信心及負面的挫折感而調整，如：極度沒有信心的學生，要設計超過 80%的活動可成功達成，低於 20%的活動較難達成，且不要有連續的活動均不成功。當學生可坦然面對失敗時，再逐漸增加困難百分比。
3. 師生角色輪替，老師可故意呈現失敗的活動設計，讓學生有機會指正，使學生明瞭失敗是可能發生在任何人身上。

第三篇

能力測驗

能力測驗說明

聽覺技巧雖有察覺、分辨、辨識與理解四個層次，但每一層次又有其發展要素，例如：聽理解包含聽覺記憶長度、記憶順序等兩要素。聽力損失對這些發展要素造成的影響，無法從純音聽力圖來推測，因此要藉由特殊測驗、檢核表以及主觀評量等方式來了解聽覺技巧各層次、各發展要素的優勢與需補強之處。訓練者不論採用何種評估方式，最重要的是評估結果要與聽覺技巧訓練的目標有直接關係，也就是要能找到聽覺技巧訓練的起始點。

能力測驗的施測程序，請見下頁能力測驗流程圖。能力測驗共有九項，採用的是主觀評量的方式，每項測驗均有方法與材料的說明，讀者可自行準備。測驗若未通過，則進行符合學生能力的聽覺技巧訓練課程。執行測驗時除了需注意前面所述的一般事項外，尚需注意以下幾點：

1. 測驗 1 至測驗 8 是屬連續性測驗，必須一個測驗通過後，才可進行下一個測驗；如未通過，則不需再進行以下的測驗。如果老師熟知學生的聽覺能力，可以從適合的測驗開始，不需從測驗 1 開始。測驗 9 的 4 個分測驗則可獨立進行測驗，也可與其他測驗同時進行。
2. 如果學生無法通過第 1 至 5 項的測驗，請不要試圖做測驗 9。
3. 測驗 9-3、9-4 各組字詞配對難易的說明請詳見字詞理解單元 （p. 77-78）。
4. 要隨時做記錄，記下學生會與不會的地方，以便在聽覺技巧訓練課程中觀察其進展。
5. 請記住，這是測驗，不是教學！選擇的材料必須是學生熟悉的，如果材料中有學生未熟知的詞彙，則先說一遍給學生聽，再進行測試。
6. 測驗時，請適時地給予學生鼓勵，以增加學生的信心。

能力測驗流程圖

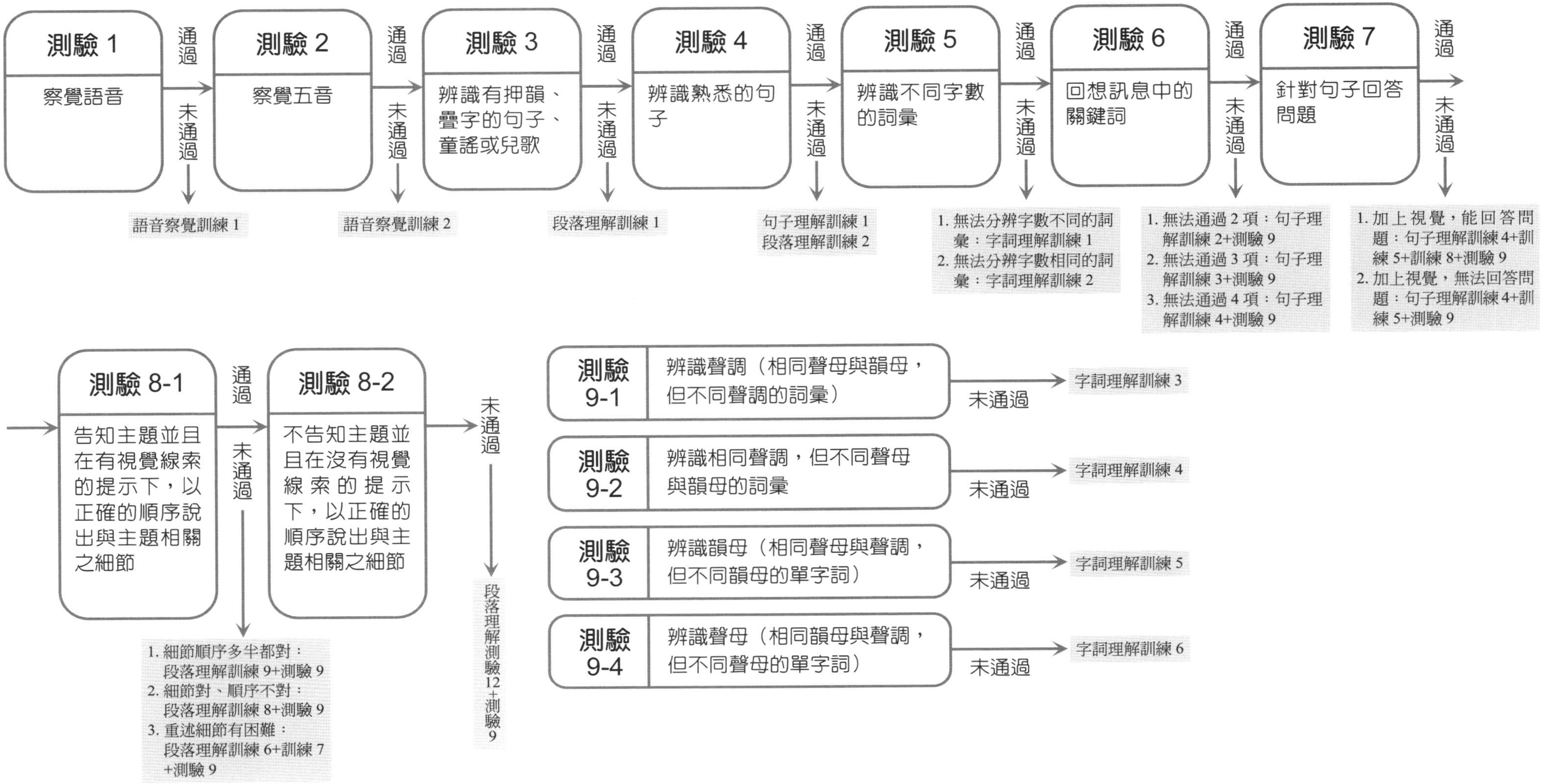
測驗 1
察覺語音
通過
未通過
語音察覺訓練 1
測驗 2
察覺五音
通過
未通過
語音察覺訓練 2
測驗 3
辨識有押韻、疊字的句子、童謠或兒歌
通過
未通過
段落理解訓練 1
測驗 4
辨識熟悉的句子
通過
未通過
句子理解訓練 1
段落理解訓練 2
測驗 5
辨識不同字數的詞彙
通過
未通過
1. 無法分辨字數不同的詞彙：字詞理解訓練 1
2. 無法分辨字數相同的詞彙：字詞理解訓練 2
測驗 6
回想訊息中的關鍵詞
通過
未通過
1. 無法通過 2 項：句子理解訓練 2+測驗 9
2. 無法通過 3 項：句子理解訓練 3+測驗 9
3. 無法通過 4 項：句子理解訓練 4+測驗 9
測驗 7
針對句子回答問題
通過
未通過
1. 加上視覺，能回答問題：句子理解訓練 4+訓練 5+訓練 8+測驗 9
2. 加上視覺，無法回答問題：句子理解訓練 4+訓練 5+測驗 9
測驗 8-1
告知主題並且在有視覺線索的提示下，以正確的順序說出與主題相關之細節
通過
未通過
1. 細節順序多半都對：段落理解訓練 9+測驗 9
2. 細節對、順序不對：段落理解訓練 8+測驗 9
3. 重述細節有困難：段落理解訓練 6+訓練 7+測驗 9
測驗 8-2
不告知主題並且在沒有視覺線索的提示下，以正確的順序說出與主題相關之細節
未通過
段落理解測驗 12+測驗 9
測驗 9-1
辨識聲調（相同聲母與韻母，但不同聲調的詞彙）
未通過
字詞理解訓練 3
測驗 9-2
辨識相同聲調，但不同聲母與韻母的詞彙
未通過
字詞理解訓練 4
測驗 9-3
辨識韻母（相同聲母與聲調，但不同韻母的單字詞）
未通過
字詞理解訓練 5
測驗 9-4
辨識聲母（相同韻母與聲調，但不同聲母的單字詞）
未通過
字詞理解訓練 6

能力測驗內容

測驗	測驗目標	測驗方法與材料	通過測驗	未通過測驗
1	察覺語音	・先選擇響音大的語音，例如：ㄚ，再運用國音四聲調與超語段的變化，例如：ㄚ↗或ㄚ↘，來增加語音的音響線索，讓學生較容易察覺到聲音。	・能夠察覺ㄚ音，就算通過測驗，接著進行測驗 2。	・開始進行聽覺技巧訓練課程之語音察覺章訓練 1。
2	察覺五音	1.「五音」是由國音音調模式的五組中心頻率中，各組選一個音為代表，選取時先選用單韻母為刺激音，其次再選用聲母為刺激音。以往察覺語音是以「林氏六音」為主，但是林氏六音的頻率部分與國語語音不同，所以改用國音版的五音做察覺。 2. 運用五音「ㄋ、ㄨ、ㄦ、ㄚ、ㄙ」做測驗（ㄋ以舌頭放置在正確位置發出鼻音，而不發空韻）。 3. 每次選擇發一個音，出現的音不要按照順序，以隨機的方式呈現，時間間隔要時長時短，以確定學生是用聽的，不是用猜的。 4. 測驗時，只要做近距離（30 公分）的測驗就可以了。	・能夠察覺五音，就算通過測驗，接著進行測驗 3。 ・若只有「ㄙ」未能察覺仍可以進行測驗 3，但要同時進行語音察覺章訓練 2，加強高頻組聲母與韻母的聽取能力。	・開始進行聽覺技巧訓練課程之語音察覺章訓練 2。
3	辨識有押韻、疊字的句子、	1. 選擇學生熟悉且有押韻的句子、童謠或兒歌。如果兒歌太長，選擇其中一段就可以了。	・能在五次測試中正確辨識出施測內容，就算通過測驗，接著進行測驗 4。	・開始進行聽理解章之段落理解單元訓練 1。

測驗	測驗目標	測驗方法與材料	通過測驗	未通過測驗
	童謠或兒歌	2. 每三個句子或三首童謠或三首兒歌為一組。準備多組測試材料，施測時句子、童謠或兒歌都要有出現的機會，不能只偏重一類，例如：只測兒歌。 3. 測驗時老師要隨機唸出句子、童謠或唱兒歌，老師每次最多可以說三遍，確認學生聽清楚了；學生聽完之後要依內容做出動作或指出正確的圖卡。 4. 範例： ・疊字句子範例：袋鼠跳跳跳。烏龜爬爬爬。鴨子呱呱呱（附圖卡，能力測驗 3-1~3-3）。 ・童謠範例：拔蘿蔔（拔蘿蔔、拔蘿蔔、嘿呦嘿呦拔蘿蔔……）。荷花開（荷花荷花幾月開，四月開……）。小乖乖（誰從牧場那邊來，請你過來猜一猜……）（附圖卡，能力測驗 3-4~3-6）。 ・兒歌範例：小星星、兩隻老虎、火車快飛（附圖卡，能力測驗 3-7~3-9）。 ・以此原則，準備多種材料。		
4	辨識熟悉的句子	1. 選擇六個學生熟悉且句長相同的日常用語，可以使用問句或指令式的句子；學生可以用回答、指認、操作或重複說出的方式作答。以四個字的句子為例：「你要什麼？」、「你幾歲了？」、「你住哪裡？」、「這是誰的？」、「你去哪裡？」、「蘋果給	・能在十次測試中正確辨識測試內容，就算通過測驗，接著進行測驗 5。	・開始進行聽理解章之句子理解單元訓練 1。 ・同時可以進行聽理解章之段落理解單元訓練 2。

測驗	測驗目標	測驗方法與材料	通過測驗	未通過測驗
		我。」、「球放上面。」、「把書打開。」、「鞋子放好。」對於有閱讀能力的學生，可以寫下你剛剛說的句子，讓他辨識哪一個是正確的。 2. 測驗的方式是將六個句子有關的材料一起呈現，但要測驗十次，因此每一個句子至少出現一次，其中四個句子應該會出現兩次，總共十次。要記得變化呈現的順序。		
5	辨識不同字數的詞彙	1. 準備學生熟悉且字數不同的詞彙（包含：一個字、兩個字和三個字的字詞）各選擇三個，共九個詞彙，例如：「筆、魚、花、蘋果、鬧鐘、獅子、冰淇淋、電視機、長頸鹿」。可以將代表九個詞彙的物品、圖卡或字卡一起放在桌上，請學生選出老師所說的詞彙（附圖卡，能力測驗 5-1~5-9）。 2. 施測用語請用完整句，而不是單一詞彙，例如：「給我冰淇淋」，而不是「冰淇淋」。 3. 要清楚記錄學生測驗時的反應，例如： (1) 可指認所有詞彙。 (2) 無法辨識相同字數的詞彙，如：無法分辨「筆」和「魚」或「花」。 (3) 無法辨識不同字數的詞彙，如：無法分辨「魚」和「鬧鐘」或「冰淇淋」。	・能辨識所有的詞彙，則進行測驗 6。	・學生未通過測驗，如錯誤形態是無法辨識字數相同的詞彙，開始進行聽理解章之字詞理解單元訓練 2。 ・學生未通過測驗，如錯誤形態是無法辨識字數不同的詞彙，則開始進行聽理解章之字詞理解單元訓練 1。

測驗	測驗目標	測驗方法與材料	通過測驗	未通過測驗
6	回想訊息中的關鍵詞	1. 這個測驗主要是了解學生能夠按照順序正確回憶的記憶長度有多少。需分別測驗兩項、三項與四項記憶長度測驗，每個記憶長度要測驗兩次，先進行兩項記憶長度測驗，通過後再做三項記憶長度測驗，之後是四項記憶長度測驗。 2. 準備六個到八個以上不同聲母、韻母與聲調結合的單字詞，並同時呈現。可以使用圖卡或者相關物品，但一定要是學生熟悉的才可以，例如：「床、橋、筆、豬、蛇、碗、魚、蛋、球、花、鳥、車」（詞彙的選擇要考量是否可以進行句型的變化，如其中的「床、橋、碗」可以進行位置句型的變化）。 3. 測驗結果要記錄學生的記憶長度和照順序的記憶長度。「記憶長度」的要求是指學生只要能拿對老師所說的物品，沒有按照順序也可以。「記憶順序」的要求是指學生必須照順序執行，因此測驗時老師要讓學生明確地知道，拿物品的順序要和老師說的順序相同，例如：老師說：「給我蛋、豬和魚。」學生必須先拿蛋，再拿豬，最後拿魚。 4. 範例： (1) 兩項記憶長度與順序測驗：「給我豬和筆。」、「碗是豬的。」 (2) 三項記憶長度與順序測驗：「給我床、豬和筆。」	・通過兩項記憶順序測驗後，則進行三項記憶順序測驗。 ・通過三項記憶順序測驗後，則進行四項記憶順序測驗。 ・通過四項記憶順序測驗後，則進行測驗7。 ・同時，不管是否通過記憶順序測驗，皆可進行測驗9，以了解學生在聽理解章中字詞理解的起始點。	・無法通過兩項記憶順序測驗，則進行聽理解章之句子理解單元訓練2。 ・無法通過三項記憶順序測驗，則進行聽理解章之句子理解單元訓練3。 ・無法通過四項記憶順序測驗，則進行聽理解章之句子理解單元訓練4。

測驗	測驗目標	測驗方法與材料	通過測驗	未通過測驗
		當記憶長度增加時，句型變化可從簡單到複雜，測驗時可變換不同指令，例如：「把豬放在橋的下面。」 (3) 四項記憶長度與順序測驗，範例：「把豬和筆放在床的上面。」測驗時要變換不同句型，例如：「橋的上面有豬和蛇。」；「豬在魚和鳥的中間。」 5. 記錄學生有幾項記憶長度、是否能按照順序拿取，以及變化句型時是否能執行。若簡單句型（如：「給我花、碗和蛋」），可按順序執行，但變化句型（如：「把蛋放在碗裡面」）時無法執行，則進一步了解學生是否需要加強語法或認知的學習。		
7	針對句子回答問題	1. 使用學生語文程度範圍內的語言材料，對學生說明你將要說句子，每個句子會問三個問題，但是不要告訴學生主題。每個句子只說一次，說完之後便發問，例如：「弟弟生病了，所以不能去上學。」接著開始問三個問句（附圖卡，能力測驗 7-1）： (1) 誰生病了？ (2) 弟弟有沒有去上學？ (3) 弟弟為什麼不能去上學？ 2. 用同樣的方式換不同形態的句子和問題再測一次，例	‧正確回答兩組測驗的問題，就算通過測驗，接著進入測驗 8。 ‧就算沒有通過，仍可進行測驗 9，以了解學生在聽理解章之字詞理解單元的起始點。	‧學生未能通過測驗，請再重複此項測驗，以了解學生無法通過測驗的原因。當重複測驗時，老師說句子的時候，仍然讓學生只用「聽」的方式；但是發問時，可以讓學生併用視覺線索。若學生此時能回答出問題，表示學生對於描述句型可理解，

測驗	測驗目標	測驗方法與材料	通過測驗	未通過測驗
		如：「放學的時候，小美在校門口看到一隻黑色的流浪狗。」接著開始問三個問句（附圖卡，能力測驗 7-2）： (1) 小美什麼時候看到流浪狗？ (2) 小美在哪裡看到流浪狗？ (3) 流浪狗是什麼顏色？		但不理解問句，則加強問句的聽理解。可進行聽理解章之句子理解單元訓練 4、訓練 5 和訓練 8，以建立聽問句的能力。 ・如果併用視覺線索後，學生仍無法回答問題，則需要更多開放式聽取練習。可進行聽理解章之句子理解單元訓練 4 和訓練 5。 ・剛開始可以併用聽覺和視覺來練習，最終仍只能用聽的方式。
8	依序重述故事	1. 本測驗分成兩個子測驗。 2. 故事難易度從告知主題到不告知主題，有視覺線索提示到沒有視覺線索提示。		
8-1	告知主題並且在有視覺線索的提示下，以正確的順序說出與主題相關	1. 告訴學生你將說一個故事，要學生注意聽，並儘可能記住細節和順序。 2. 如果需要的話，學生在聽故事名稱和討論時，可以併用視覺線索，但是必須全程用「聽」的方式來聽故事內容。	・學生能正確且有順序地重述故事（可以容許學生漏字或更改相似詞彙，但不能影響故事內容及順序），則進行測驗 8-2。 ・不論學生是否可以正確且有順序地重述	・學生在重述故事時說不好，則參考以下建議： (1) 學生如能重述故事並說出多數的細節，則進行聽理解章中段落理解單元訓練

測驗	測驗目標	測驗方法與材料	通過測驗	未通過測驗
	之細節	3. 故事範例，主題〈好心的小豬〉：「小熊剛買了一籃蘋果，掛在腳踏車後面，然後開心地一邊唱歌，一邊騎車回家；但是他沒有發現蘋果已經掉了一地。這時候，小豬看到了，趕緊叫小熊停車，並且幫他撿蘋果，小熊非常感謝小豬的好心。」（附圖卡，能力測驗 8-1-1~8-1-4）。 4. 故事只講一次，講完後讓學生複述，了解學生能記得多少。 5. 要注意故事的長度、句型及認知是否符合學生的能力。	故事，皆可進行測驗 9，以了解學生在聽理解章之字詞理解單元的起始點。	9。 (2) 學生如能記憶細節，但是順序不大正確，則進行聽理解章中段落理解單元訓練 8。 (3) 如果學生重述故事細節有困難，則進行聽理解章中段落理解單元訓練 6 和訓練 7。
8-2	不告知主題並且在沒有視覺線索的提示下，以正確的順序說出與主題相關之細節	1. 這項測驗和 8-1 相似，但是不事先告知學生主題，而且敘述故事內容和討論故事時都只能用聽的，不能併用視覺線索。 2. 故事範例，主題〈動物園〉：「兒童節的時候，爸爸和媽媽帶小華去動物園，他們起得很早；吃過早餐、整理好東西後爸爸便開車出發了。小華在動物園裡看到許多動物，有河馬、企鵝、獅子、無尾熊……，小華開心極了。」	・能照順序重述故事（可以容許學生漏字或更改相似詞彙，但不能影響故事內容及順序），則進行聽理解章段落理解單元訓練 12，並使用更多較複雜的故事來練習。同時，可以進行以下的訓練： (1) 聽錄音 (2) 聽電話 (3) 噪音中的訊息聽取 ・不論學生是否通過此項測驗，皆可進行測驗 9，以了解學生在聽理解章之字詞理解單元的起始點。	・無法通過測驗 8-2，則進行聽理解章中段落理解訓練 12。

測驗	測驗目標	測驗方法與材料	通過測驗	未通過測驗
測驗 9	經由語音的特質來辨識詞彙	1. 本測驗分為四個子測驗。 2. 語音的特質參照國音頻率特性編排：首先，聲母、韻母依國音中心頻率分組編排。若同一頻率則再依國語語音聲響特質的難易度編排。		
9-1	辨識聲調（相同聲母與韻母，但不同聲調的詞彙）	1. 所選擇的詞彙必須為相同聲母與韻母，但聲調不同的詞彙。準備四項與詞彙相關的物品，若很難找到物品代表詞彙，亦可用字卡或用四聲調的手勢做替代。此測驗為辨識而非理解，因此直接給予指示並不會有影響。 2. 老師說出詞彙後，讓學生正確地指出物品、圖卡或字卡。 3. 測驗時，先以聲調差異大的為優先，如：一、四聲（媽、罵），二、三聲（痲、馬）最為困難。測驗的最後仍要四項同時呈現（媽、痲、馬、罵）（附圖卡，能力測驗 9-1-1~9-1-4）。	・正確通過四組四個相同字數的詞彙測驗，則進行測驗 9-2。 ・若訓練後二、三聲仍有辨識上的困難，則進行下一測驗。	・無法通過，則進行聽理解章中字詞理解單元訓練 3。 ・二、三聲的辨識訓練對重度以上聽損或使用人工電子耳兒童，也許要花較多的時間訓練，老師可將此訓練與音素訓練同時進行。
9-2	辨識相同聲調，但不同聲母與韻母的詞彙	1. 準備六項與詞彙相關的物品、圖卡或字卡，老師說出詞彙後，讓學生正確地指出。 2. 詞彙選擇需相同字數、聲調相同，但聲母與韻母不同的詞彙。 3. 先辨識二個相同字數的詞彙，若學生很容易執行，則	・正確通過四組四個相同字數的詞彙（四組中的聲調需做變化，不可只測試一種聲調），則進行測驗 9-3。	・無法通過，則進行聽理解章中字詞理解單元訓練 4。

測驗	測驗目標	測驗方法與材料	通過測驗	未通過測驗
		進行辨識四個相同字數的詞彙。 (1) 二個相同字數的詞彙範例：狗／雨（附圖卡，能力測驗 9-2-1~9-2-2）。 (2) 四個相同字數的詞彙範例（附圖卡，能力測驗 9-2-3~9-2-22）： ・一個字數：貓／雞／豬／車。 ・二個字數： 飛機／青蛙／香蕉／花圈。（一聲） 眉毛／蝴蝶／葡萄／枇杷。（二聲） 老鼠／小鳥／雨傘／手錶。（三聲） 大象／月亮／睡覺／電話。（四聲）		
9-3	辨識韻母（相同聲母與聲調，但不同韻母的單字詞）	1. 準備二十項與詞彙相關的物品、圖卡或字卡，老師說出字詞後，讓學生正確地指出。 2. 詞彙選用原則： (1) 需選擇相同聲母與聲調，但不同韻母的字詞。 (2) 選用的原則以韻母的頻率為主，共分為四大組。無論是組間或組內的韻母又因其特性不同而有難易之配對，所以在選取詞彙時可以參考附件六韻母詞彙配對難易表（內容則詳述於字詞理解單元）。 3. 測驗時： ・辨識的字詞以二個單字詞為一組，字詞的選擇從四	・正確率達 80%以上（不含 80%），則進行測驗 9-4。	・正確率低於80%（含80%），進行聽理解章中字詞理解單元訓練 5。

測驗	測驗目標	測驗方法與材料	通過測驗	未通過測驗
		大組中由易到難的配對順序開始。為防止學生用猜的，在測驗時，每一測驗組要做三次測驗，老師可隨機說出測驗字詞請學生聽辨，例如：「肚／弟／弟」或「弟／肚／弟」。 4. 字詞範例： (1) 差異最大組：肚／弟（附圖卡，能力測驗 9-3-1~9-3-2）。 (2) 組間：倒／大（附圖卡，能力測驗 9-3-3~9-3-4）。 (3) 鄰組：線／蟹（附圖卡，能力測驗 9-3-5~9-3-6）；燒／收。 (4) 組內：翻／飛（附圖卡，能力測驗 9-3-7~9-3-8）；掰／揹。		
9-4	辨識聲母（相同韻母與聲調，但不同聲母的單字詞）	1. 這是一項難度高的測驗，測驗方式同上。 2. 準備三十項與詞彙相關的物品、圖卡或字卡，老師說出字詞後，讓學生正確地指出。 3. 詞彙選用原則： (1) 選擇不同聲母、相同韻母與聲調的字詞。 (2) 選用的原則以聲母的頻率為主，共分為五大組，無論是組間或組內的聲母又因其特性不同而有難易之配對，所以在選取詞彙時可以參考附件八聲	・正確率達80%以上（不含80%）的測驗，恭喜，測驗全部完成！	・正確率低於80%（含80%），進行聽理解章中字詞理解單元訓練 6。

測驗	測驗目標	測驗方法與材料	通過測驗	未通過測驗
		母詞彙配對難易表（內容則詳述於字詞理解單元）。 4. 測驗時： ・辨識的字詞以二個單字詞為一組，字詞的選擇從五大組中由易到難的配對順序開始。為防止學生用猜的，在測驗時，每一測驗組要做三次測驗，老師可隨機說出測驗字詞請學生聽辨，例如：「牛／球／牛」或「牛／牛／球」。 5. 字詞範例： (1) 差異最大組：鹿／樹（附圖卡，能力測驗 9-4-1~9-4-2）。 (2) 組間相隔兩組：牛／球（附圖卡，能力測驗 9-4-3~9-4-4）。 (3) 組間相隔一組：跳／笑（附圖卡，能力測驗 9-4-5~9-4-6）。		・選擇配對聲母進行測驗時，不論組間或組內仍有難易程度。如：ㄈ／ㄕ，ㄈ為中中心頻率、ㄕ為高中心頻率，二者同為一測驗組聲母，只具聲母發音位置的差異性，因此在辨識上較其它組為困難。

測驗	測驗目標	測驗方法與材料	通過測驗	未通過測驗
		⑷ 鄰組：風／燈（附圖卡，能力測驗 9-4-7~9-4-8）。 ⑸ 組內：哥／喝（附圖卡，能力測驗 9-4-9~9-4-10）；三／山（附圖卡，能力測驗 9-4-11~9-4-12）。		・ㄊ／ㄉ為同一測驗組聲母，只具聲母送氣方式的差異性；而ㄅ／ㄍ只具聲母發音位置的差異性，因此這兩組在辨識上較其它組為困難。 ・ㄙ／ㄕ為同一測驗組聲母，只具聲母發音位置的差異性，因此在辨識上較其它組為困難。

第四篇

聽覺技巧訓練課程

聽覺技巧訓練課程說明

本書聽覺技巧訓練課程架構參考澳洲學者 Romanik 於一九九〇年所出版的 Auditory Skills Program 之架構（見下頁聽覺技巧訓練課程架構圖），但課程內容則因本土需求做了許多補充與修改。課程分為語音察覺和聽理解兩章，語音察覺章包含四個訓練課程；聽理解章包含段落理解、句子理解及字詞理解等三個單元。段落理解有十四個訓練課程；句子理解有十二個訓練課程；字詞理解有六個訓練課程（見聽覺技巧訓練課程綱要）。各單元的課程雖有延續性，但某些課程可並行訓練。另外，各章與各單元不但有明確的課程目標，還例舉活動範例以及加註說明，使訓練者容易掌握課程設計原則，依學生需求自行調整修改，設計出更適合學生的課程內容。

聽覺技巧訓練課程架構圖

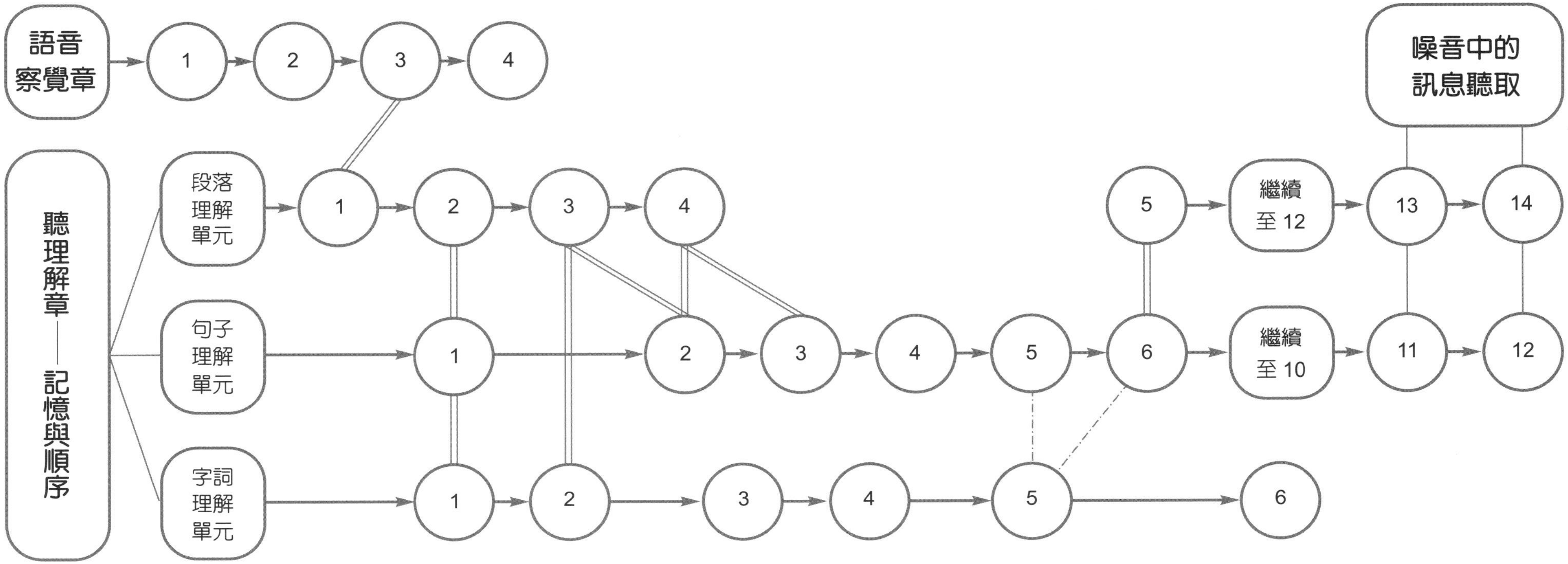

資料來源：Romanik（1990）。Auditory Skills Program 架構。

備註：1. 架構圖中橫向箭號（→）顯示每一課程的訓練順序。

2. 架構圖中縱向細線（‖）顯示課程之間可同步進行的縱向連結。

聽覺技巧訓練課程綱要

聽覺技巧訓練課程內容 / 訓練	語音察覺章	聽理解章——記憶與順序		
		段落理解單元	句子理解單元	字詞理解單元
1 1-1 1-2	察覺語音 察覺任何語音 察覺語音的開始與結束	辨識童謠或兒歌	辨識熟悉的短句或片語	辨識不同字數的詞彙
2	察覺五音	辨識最後一個字詞	回想句中的兩個關鍵詞	辨識相同字數，但不同聲母、韻母與聲調的詞彙
3	建立「語音距離察覺聽力圖」	辨識順序圖卡	回想句中的三個關鍵詞	辨識聲調（相同聲母與韻母，但不同聲調的詞彙）
4	分辨聲源	從閉鎖式聽取中，指出相關描述的人或物	回答問題	辨識相同聲調，但不同聲母與韻母的詞彙
5		進行主題式生活會話	回答熟悉且已知的主題	辨識韻母（相同聲母與聲調，但不同韻母的單字詞）
6		針對主題式故事或短文回答問題	四項或四項以上的關鍵詞記憶，並遵循多項指令，發展事件的順序	辨識聲母（相同韻母與聲調，但不同聲母的單字詞）
7		回想主題式故事的細節	進行開放式的聽取	

聽覺技巧訓練課程內容 / 訓練	語音察覺章	聽理解章——記憶與順序		
		段落理解單元	句子理解單元	字詞理解單元
8		回想主題式故事的順序	回答已知主題的句子	
9		重述故事並按照順序回想所有細節	回答未事先告知卻熟悉的主題	
10		從開放式聽取中，指出相關描述的人或物	完整且正確地重述句子	
11		進行沒有事先告知主題的會話	噪音中的訊息聽取 （噪音來自錄音的語音）	
12		重述沒有事先告知主題的故事，並按照順序回想所有細節	噪音中的訊息聽取 （訊息及噪音皆來自錄音的語音）	
13		噪音中的訊息聽取 （噪音來自錄音的語音）		
14		噪音中的訊息聽取 （訊息及噪音皆來自錄音的語音）		

語音察覺章

正常聽力的幼兒在出生後頭三個月內便能從行為反應觀察到其聲音察覺能力的發展。除非有中樞或其他問題，否則，聽力損失嚴重的兒童，即使之前沒有學習語音察覺的技巧，也能很快地學會反應，因此在察覺練習時不需花太多時間。但是在高層次的練習（如：辨識、理解），如果遇到困難，仍要回到察覺的層次，以釐清問題的癥結。例如：兒童可清晰說出飛機的「ㄈㄟ」，但是說衣服的「ㄈㄨˊ」時，省略了「ㄈ」說成「ㄨˊ」，訓練者要清楚知道，是因為「ㄈ」在句中不同的位置使得聽損兒無法察覺，還是無法構音？

語音察覺能力會受聽力損失頻率範圍和程度的影響，但是純音聽力圖並不能夠提供這方面的訊息。另外，語音察覺的行為表現又會因為兒童聆聽時的注意力、音量、距離、環境噪音及目標音在句子中的位置等因素而呈現不同的結果。因此儘管語音察覺是聽覺技巧訓練的入門，聽損兒童也多能在很短的時間內完成此單元的練習，但卻是很重要的部分。在此單元中培養聽損兒童聆聽語音的專注態度，是聽覺訓練成功與否的關鍵技能；而「語音距離察覺聽力圖」（如附件三）的建立，則是往後每堂課開始前，執行聽力學經營的依據。

「語音距離察覺聽力圖」源自於語調聽覺法的「**Fletcher test**」，本會將其簡化，使其在應用上更加容易。「語音距離察覺聽力圖」主要是根據聽損兒童在實際學習環境中，不同的距離對不同頻帶的語音做出察覺反應的記錄圖。老師可從此圖中了解聽損兒童戴上助聽器或人工電子耳後，對語音察覺的聽能範圍；當聽力或助聽輔具發生變化時，不需等到正規聽力檢查結果出爐，便可從「語音距離察覺聽力圖」看出端倪。因此，在每堂課前必須進行語音距離察覺測試，以確定聽損兒童是否在最佳聽取狀況。察覺距離的擬定則視聽力程度而定，本會採用的準則為：⑴ 進行聽覺技巧訓練時，師生的距離。⑵ 能聽取最多五音數量的距離（五音的選用說明，請參考能力測驗 **2**）。⑶ 聽取最少五音數量的距離。⑷ 遠距離聽取時，則以一公尺為最小單位作為察覺的距離變化（如：**2** 公尺、**3** 公尺）。

注意事項

1. 老師要了解聲母與韻母的特質；當給予學生察覺訓練時，要突顯其特質，如：氣流、鼻音、時間等。
2. 課程開始時無法察覺的語音，並不表示學生沒有察覺此語音的潛能，因此仍要提供豐富的刺激；縱使最終仍無法察覺，學生也可以學習到語音裡有他無法察覺的語音存在，進而從聽取經驗中形成策略，有助於語音訊息的掌握。
3. 進行能力測驗後，有些聽力佳的學生不需從語音察覺章開始做訓練，但仍要建立「語音距離察覺聽力圖」。如果進行能力測驗後，學生需要從本章開始做訓練，表示學生的聽覺能力尚在初期階段，訓練者要在本章中，培養學生聆聽聲音的習慣及注意聽覺訊息的態度。
4. 在能力測驗中，如果學生無法通過測驗 1，就從本章的訓練 1 開始。
5. 在能力測驗中，如果學生通過測驗 1，無法通過測驗 2，就從本章的訓練 2 開始。
6. 所有的學生都必須進行本章訓練 3 和訓練 4 的課程。

課程內容

1 察覺語音（1-1 察覺任何語音、1-2 察覺語音的開始與結束）→ 2 察覺五音→ 3 建立「語音距離察覺聽力圖」→ 4 分辨聲源

訓練	課程目標	活動範例方式	說明
1	察覺語音	・分兩個子訓練：察覺任何語音與察覺語音的開始與結束。	
1-1	察覺任何語音	1. 用國音中響度較大的音素，例如：ㄚ～ㄨ～或選擇學生聽力較佳頻率的音素，並呈現超語段的變化，抑或用學生的名字或熟悉的詞彙，建立察覺反應模式（例如：指耳朵、舉手、點頭、放積木或仿說等）。 2. 建立「聽制約」的概念。如果學生已經會了，就跳過。 (1) 學生與老師面對面隔著桌子坐著，教具放置在二人的面前。要求學生拿起一塊積木，放在耳邊，作為預備聽聲音的動作。 (2) 學生若不會做，老師可請父母握住學生的手放在耳邊，一旦聲音出現時，要求大家做出「聽到」的表情，要父母立刻協助學生放下積木，待學生理解後即可讓他自行放積木。 (3) 學生已了解活動的方式後，老師即可遮住嘴巴，並發一個語音，讓學生聽到聲音後立即放下手上的積木。	・運用不同語音的超語段聽覺訊息，比較容易引起察覺反應，因為超語段有豐富的聲調、節奏、輕重音等變化。 ・不同的聲調變化可以讓學生學習不同的語言形態。 ・建立反應模式前，必須確知音量是否足以讓學生聽到。 ・建立制約的概念可用「聽聲音—放積木」的方式，亦即要學生聽到聲音便會放積木到容器裡。這是兒童在聽力檢查時最常運用的反應模式，學生要及早學會，才能建立準確的聽力圖。 ・正常聽力的幼兒若無其他問題，約在六個月大後，便可利用視覺增強的方式建立幼兒聽到聲音做出反應的制約行為，約兩歲半左右便可學習聽到聲音做出成人

訓練	課程目標	活動範例方式	說明
			要求的行為反應。 ・三歲以上學生，要學習反應模式並不困難，若學生不做動作，但顯示出有聽到聲音的表情，要確定學生是不會反應還是不肯反應。 ・這是一個單調的訓練，要運用多變化的反應模式增加訓練的趣味性，例如：丟球、套圈圈、賓果遊戲等。
		⑷ 也可以鼓勵學生試著說出聽到的語音，說得不正確沒有關係，不需要特別糾正。	・鼓勵學生嘗試發音，不用急著糾正，以免對發音失去興趣或產生恐懼。
		3. 可以在學生遊戲時或無預警時發出一個語音或叫學生的名字（此語音必須是孩子曾經反應過的），看學生是否有反應。若學生沒有反應，要引導學生注意聲音的出現。	・用聲音引起學生的注意，對學生的主動學習是很重要的；但不能在學生反應後，不提供任何延續活動，有些學生會視此為無意義的測試，而非有意義的聲音連結，多次後便不再反應。
		4. 三十七個國音音素，從易聽取的音開始做察覺刺激。	・配戴助聽器的學生，可從低頻率語音開始。配戴電子耳的學生，可從高頻率語音開始。當學生對某音素連續幾次刺激無察覺反應時，要立刻給予學生曾有察覺反應的音素刺激，一來可增加學生的信心，一來確定學生是否仍在注意聆聽。
		5. 找出沒有察覺反應的音素，提供其各種形態的刺激。例如：學生對「ㄑ」的音反應較不敏銳，老師可以提供「ㄑ」的相關音素作刺激，如：發單音（ㄑ）、相關ㄑ的詞彙（企鵝、親親、球）、童謠（炒蘿蔔、炒蘿蔔、切切切）。	・從不同的形態中突顯該音素的特質，例如：「ㄑ」可用耳語方式降低韻母強度並加重「ㄑ」的氣流特質。

訓練	課程目標	活動範例方式	說明
1-2	察覺語音的開始與結束	1. 老師可以用任何學生曾經察覺的語音（韻母、擦音）、重複的結合音、連續語音或短文、兒歌、童謠等當材料，當學生聽到聲音時要求其做反應，直到聲音結束才停止。活動範例： (1) 韻母： 用「ㄨ～」代表火車的汽笛聲，當聽到ㄨ時，就移動火車，當聲音結束時火車就不動了。 (2) 擦音： 當聽到「洗洗洗」的「ㄒ」時，就洗手，直到聲音結束為止。 (3) 重複的結合音： 聽到「走走走……」的聲音，就讓學生做走的動作，聲音停止時則站著不動；再出現「走」的聲音時，學生就要走。可以反覆地練習。 (4) 連續語音： 老師事前要教導學生反應的方式，例如：拍手、搖頭等，當學生一聽到歌曲，就做動作，歌曲停止則動作停止；歌曲再出現時，則學生要主動再做動作。或者老師說一段短文，停止後學生才可以動作，老師再開始說話，學生就停止動作。 2. 剛開始老師或家人一起做，等到學生熟悉後，老師或家人要在學生做動作後才做動作，或只讓學生自己做。	・除了讓學生能隨時注意聲音的有無之外，還要養成能持續聽完一段聲音的專注態度。持續聆聽的時間長度一定要在學生注意力消失前結束，以建立學生成功的經驗。語音的響度及音素的特質，會影響聽損兒童注意力持久的時間，因此要從容易聽取的音開始。 ・儘可能讓學生模仿聽到的聲音，並記錄學生模仿的聲音形態。此單元僅是察覺，若有仿說錯誤並沒有關係，可以在其他單元中加強練習。 ・語音察覺過程中，為了增進學生的信心，剛開始時老師和家長可以協助學生達成目標，再漸漸減少參與的程度並增加困難度，使學生有挑戰困難的企圖心。

訓練	課程目標	活動範例方式	說明
2	察覺五音	1. 察覺ㄋ、ㄨ、ㄦ、ㄚ、ㄙ五音。 2. 老師發音時不要按照固定的順序說出，有時也可以故意不發音。 3. 如果學生對聲音沒有反應，可以提醒學生注意聽聲音，老師也可以靠近學生一些，但必須用手遮住嘴巴，以免學生因感受到氣流才做出反應，如：「ㄙ」音（特性為頻率高、響度低）。	・此五音是依照「低、中低、中、中高、高」五組中心頻率各選取一個音作代表，老師也可依此原則各選一個音做察覺的材料（見附件四國音音調模式——中心頻率）。 ・剛開始練習五音察覺時，可以視覺和聽覺併用，最後仍要訓練只用「聽覺」方式為主。
3	建立「語音距離察覺聽力圖」	1. 方式與訓練 2 相同，只是加上距離的變化。 2. 距離的變化，由近距離到遠距離。學生已經了解察覺語音的反應方式，老師只要站在不同的距離發音，讓學生做出聽到聲音的反應即可。 3. 在「語音距離察覺聽力圖」上，畫下不同距離的察覺反應。兒童的注意力較短，如果所需的時間較久，則可以分成幾次完成。	・同時開始進行聽理解章中段落理解單元的訓練 1。 ・建立學生的聽能範圍。
4	分辨聲源	・活動範例： (1) 先請學生把眼睛閉起來，老師牽著學生的手帶學生行走各種方位，並嘗試接近聲源和遠離聲源，建立學生的內在感覺。然後老師在適當的距離發出任何學生可察覺的語音，讓學生指出聲源的方向。 (2) 團體活動中也可以玩分辨聲源的遊戲，例如：閉眼的學生問：「王小明在哪裡？」小明回答：「我在這裡。」閉眼的學生要聽出方向並指出來。	・分辨音源是很重要的生存技能，同時也可以提升噪音中的聽取能力。 ・音量、距離等因素，會影響音源分辨的難易度，因此要用容易聽取的音量開始，再逐漸增加難度。從「語音距離察覺聽力圖」中找出易聽取的語音做刺激音。 ・雙耳聽損差異大、單耳使用助聽輔具或使用調頻系統，均無法進行分辨聲源練習。

聽理解章——記憶與順序

理解語言訊息是一個複雜的過程，必須要統整語法、語意、語音和情境等語言線索，所包含的能力不只有聽覺技巧，還包含認知和思考的能力。認知和思考是另一層面的學習，本章僅著重在聽覺技巧層面，因此活動設計都需要架構在兒童既有的認知和思考能力上，一旦某項聽覺技巧獲得，便可運用在認知的擴增和思考能力的提升上。

在發展聽理解技巧前，需要先了解語言的特性，因為這些特性會反應在聽覺技巧訓練的目標中：

1. 語言具有累贅性（redundancy）。語言的累贅性特質，使聽話者在部分訊息被刪除下，依然能理解語言訊息，就如拼圖缺了某幾塊，仍能看出圖裡的內容，這也是聽力正常者在語言訊息不良的情況下仍能了解語言的原因。語言的累贅性使得語言有預測的可能，當說話者說出長串的句子，不斷地重複、解釋、說明，增加情境或視覺線索等過程，就讓語言累贅性增加，使聽者可從語言線索中去預測和了解語言。例如：站在那邊的男子，頭上戴了一頂褐色的帽子——不需要聽到「頭上」也知道帽子是戴在頭上。聽覺技巧訓練基本原則，就是提供聽損者許多語言線索去學習預測或了解語言，等到能夠建立正確的連結，再逐步減少線索。
2. 語音聽知覺是透過與構音動作的對照（形成聽覺回饋）而不斷地更新與建構。嬰幼兒在玩聲期的開始只是無意識的聲帶碰撞，但嬰幼兒從口腔動作的改變與監聽聲音中建立了聽與說相互連結的知識，進而讓嬰幼兒在模仿發音時，知道從聽覺回饋系統中修正自己的發音。聽覺技巧訓練便是要聽損兒童聽聲音、重複說出所聽到的聲音、再聆聽自己仿說的聲音，從這樣的循環模式中讓聽與說相互增強，最終使聽與說的連結自動化。
3. 兒童學習語言的過程中就開始既學習語詞又學習語法。語詞代表語意概念；語法則是連結這些概念的規則，有約定成俗的排列順序。兒童理解發展的過程是先理解個別的詞，概念是各自獨立的；然後理解整個句子，掌握片段的思想內容；最後才能建立思想與思想間的聯繫，了解短文或故事。在這過程中聽覺長度和順序的技巧是平行發展的。人類可聽很長的語言訊息，是因為大腦可以把冗長的訊息解碼並有系統地分組儲存，也就是按句子的成分，形成幾個組塊來記憶，以增加記憶的容量，這樣的處理過程稱為分段或分割（chunking）。因此，訓練者應提供大段的語言訊息來幫助聽損兒童習得分段或分割技巧：單一詞彙的刺激除了影響分段或分割技巧的學習，還會讓協同構音（co-articulation）、自然界線、情境訊息等語言線索消失，影響從語言中尋找線索的能力，而這些線索就是聽損兒童必須學會聽取的。另外，聽取大段的訊息有助於聽損兒童學習正常說話的速度和韻律技巧。這些都是口語表達必備的技巧，所以只有模仿正常的語言形態，聽損兒童才能真正地習得語言。

4. 言語包含超語段和語段兩部分。超語段是指語音的聲調、節奏、輕重等形式。語音是最能吸引嬰幼兒注意的聲音，主要原因在於言語中超語段的變化，而不在於語段的內容，這也是學習語言的開始。當知道語言結構時，聽者雖聽不清楚或不了解語言的意義，卻仍可藉由超語段線索建立片語和句子的界線得知語意和語法。超語段對於口語清晰度的影響大於語段，而超語段的能量多分布在低頻率，因此聽損者即使聽損嚴重，若在低頻有不錯的殘存聽力，仍然可以藉由訓練提升其聽知覺能力，達到較佳的口語表達。國語是一種聲調語言（tone language），包含一聲（不特別標記）、二聲（ˊ）、三聲（ˇ）和四聲（ˋ）這四種聲調以及變調的輕聲（˙）。聲調的不同會造成字義上的分別，這和英語是不同的。語段指的是音素（聲母與韻母）所組成的音節。不同的聲母與韻母其可辨識的物理線索——音量、時間、頻率各有不同。語音中韻母攜帶大部分的能量，聲母只攜帶少量的能量，但對語音清晰及理解的貢獻正好相反，聲母的重要遠超過韻母；因此訓練者如果用大音量說話的方式試圖讓聽損者聽得更清楚，那正是適得其反，只會使聽損者聽得更不清楚。因為能量的增加是在韻母上，聲母相對便更微弱。另外，韻母也是攜帶聲調的地方，能量大多集中在中低頻率；聲母的能量則多偏重在中高頻率；然而聽損者大多殘存較佳的低頻率，因此，韻母的聽取比聲母容易。所以，聽覺技巧訓練時常從韻母及聲調變化的聽取開始；但是對於使用人工電子耳的兒童則可從高頻聲母開始。訓練者也要知道語音特質除前所述依不同的頻率而有不同，還需了解語音知覺的區辨線索，如：超語段、鼻音及韻母的區辨線索在低頻率；聲母發音方法的區辨線索在 1000Hz 左右；聲母發音位置的區辨線索在 2000Hz 左右。聽力損失對語音知覺的影響雖可從評估中獲知，但這些需靠聽覺技巧訓練提升的語音知覺，仍有其聽取上難易的考量。因此，要從語音的特徵及聽損兒童聽損狀況、助聽輔具、補償效益去擬定個別化聽覺技巧訓練的難易順序。這樣的進展程序已編入本書課程的目標及活動中。

聽理解章分為段落理解、句子理解及字詞理解三個單元，既是發展理解層次，因此不論長篇、短句或字詞都是在學生理解出現困難時才可能需降低層次，進行辨識或分辨的訓練。在活動過程中除非聽損兒童有「相同」與「不同」的概念，能正確回答「兩音是否不同」的問題，訓練者才能得知是否已達到分辨的活動目標，否則訓練者就要以聽損兒童是否能辨識來推斷其是否能分辨音素的異同。大多數的情況都是採後者的方式，因此訓練者需要小心地從聽損兒童的錯誤中去分析問題的發生是在分辨還是辨識。例如：當聽損兒童常將黃色和紅色指認錯誤，訓練者要釐清是「ㄏㄨㄤˊ」的「ㄤ」，還是「ㄏㄨㄥˊ」的「ㄥ」讓兒童無法聽辨導致指認錯誤；還是孩子尚未建立顏色的名稱或是孩子記錯。如果孩子在黃色和綠色組可以正確指認，那麼孩子的問題便明顯可知是「ㄤ」、「ㄥ」的分辨問題。

字詞理解單元裡，主要針對語音中微小差異做辨識；聽損兒童一旦獲得辨識能力，就要從認知活動中廣增詞彙，因為詞彙量是語言能力的指標之一。在句子理解單元裡，要從建立小單位的聽覺記憶長度和順序的能力中，為聽損兒童發展各類句型（語法）的理解及初步的對答技巧。這些能力將會在段落理解單元裡廣泛地運用以提升聽損兒童理解故事和短文的能力，最終發展出歸類、因果、推理、分析等閱讀的先備技能，為提升語文能力奠定基礎。以下先介紹段落理解，接著是句子理解，最後是字詞理解。

段落理解單元

當學生可以察覺五音時（語音察覺章的訓練 2），便可以開始段落理解的課程。本課程的活動設計是從閉鎖式的聽取到開放式的聽取。在閉鎖式的聽取時，不論是辨識、回憶或理解的課程中，老師會提供幾個選項讓學生做選擇或給予提示。在開放式的聽取時，則沒有任何提示，學生需學習在對話中，只用「聽」的方式來討論主題。課程中包含十四個訓練：訓練 1 至 4 為閉鎖式聽取；訓練 5 至 9 為開放式（有主題）聽取；訓練 10 至 12 為開放式（沒有事先告知主題）聽取；訓練 13 至 14 為噪音中的聽取。

▶ 課程內容

1 辨識童謠或兒歌→ 2 辨識最後一個字詞→ 3 辨識順序圖卡→ 4 從閉鎖式聽取中，指出相關描述的人或物→ 5 進行主題式生活會話→ 6 針對主題式故事或短文回答問題→ 7 回想主題式故事的細節→ 8 回想主題式故事的順序→ 9 重述故事並按照順序回想所有細節→10 從開放式聽取中，指出相關描述的人或物→ 11 進行沒有事先告知主題的會話→ 12 重述沒有事先告知主題的故事，並按照順序回想所有細節→ 13 噪音中的訊息聽取（噪音來自錄音的語音）→ 14 噪音中的訊息聽取（訊息及噪音皆來自錄音的語音）。

訓練	課程目標	活動範例與流程	說明
1	辨識童謠或兒歌	1. 活動流程： (1) 老師選取二首特性差異大的童謠或兒歌，例如：「小妞妞」和「小老鼠上燈台」。 (2) 老師唸「小妞妞」或「小老鼠上燈台」的童謠，先讓學生聽過一遍之後，老師示範配合童謠的肢體動作，然後請學生一起模仿老師的動作；等學生熟悉這二首童謠之後，老師隨機地唸出其中一首童謠，請學生表演與內容有關的動作。也可以用相關圖片，讓學生指出老師所說或唱的是哪一首。 (3) 如果學生可以辨識二首童謠或兒歌，可以換較難的材料進行。例如：節奏、長度、快慢差異較小的做辨識；或讓學生聽錄音或 CD；也可以讓學生跟著唱或唸。 (4) 可以辨識二首較難的童謠或兒歌之後，則可以慢慢增加選項三項到四項。	・對於任何嬰幼兒及學齡前幼童，用說唱童謠或兒歌的方式很容易引起幼兒注意，達到互動的目的；同時也是開始學習「聽」的好方法。 ・選擇的兒歌或童謠需從節奏、快慢與長短差異大的開始練習。聽損兒童要從這些差異中學習辨識刺激音的不同。 ・剛開始要提供豐富的刺激而不要急著做辨識。 ・等學生學習了各類形態的童謠或兒歌，也記住了相關的動作，才進行(2)、(3)、(4)選項的辨識。
		2. 童謠範例（附圖卡，段落理解單元 1-1~1-4）： (1) 小妞妞：小妞妞，年紀小，穿著大鞋，ㄎㄡ.ㄌㄡ.ㄎㄡ.ㄌㄡ跑。 (2) 大拇歌：大拇哥，二拇弟，三中娘，四小弟，小妞妞，來看戲，手心手背，心肝寶貝。	・童謠材料可以參考坊間出版的童謠書籍或手指謠。（如：《寶貝手指謠》／三之三出版社、《動動手指謠》／世一文化出版社、《童謠與手指謠》／東西出版社等）

訓練	課程目標	活動範例與流程	說明
		⑶ 小老鼠上燈台：小老鼠上燈台，偷油吃下不來，叫媽媽，媽不來，叫爸爸，爸不睬，嘰哩咕嚕，嘰哩咕嚕，滾下來。 ⑷ 手指頭：一根手指頭，變成毛毛蟲，兩根手指頭，變成小白兔，三根手指頭，變成小花貓，四根手指頭，變成小螃蟹，五根手指頭，變成拍拍手。	
2	辨識最後一個字詞	1. 活動流程： ⑴ 選擇符合學生興趣及程度的故事或短文。 ⑵ 老師用一般速度開始唸，可以在一個片語或句子的段落停止唸，然後要學生指出最後一個字或讓他接著繼續唸。 ⑶ 如果學生有困難，選擇另一本簡單些的書，但是仍要保持相同的速度，不需要刻意放慢。 ⑷ 在辨識中，如果有學生不懂的或新的字詞，也可以和學生進行討論和練習。 2. 延伸活動： ⑴ 如果故事已經重複說了好多次，可以在唸完故事之後，要學生找出某一句話、某一片語、或唸某一段落、或是找出某一個情節。 ⑵ 換學生當老師，由他來唸，老師指認，觀察學生能否正確辨識老師所指的。	・本訓練可以幫助學生發展句子、片語、段落等的分段感覺，可增進閱讀的流暢度和語調的自然度；但學生必須有識字的能力，如果學生無此能力則跳過此訓練，進行訓練 3。
3	辨識順序圖卡	1. 活動流程： ⑴ 教材的選擇：	・本訓練是經由聽故事來發展對故事順序的理解以及重述故事的技巧。最終目標是學生能指出老師所說的是

訓練	課程目標	活動範例與流程	說明
		① 依學生的程度準備順序故事，每一組可以是三張或四張順序故事。 ② 教材來源： ・坊間的順序圖卡或報章雜誌的四格漫畫。 ・請父母協助，自拍孩子生活中的情節，例如：洗澡的順序、做果汁的順序。 ・自編自畫的故事，例如：洗衣服的順序（附圖卡，段落理解單元 3-1-1~3-1-4）。 ③ 故事的準備最好多樣化，可以運用不同句型、不同時態或不同語助詞（要放些容易辨識的語助詞），例如：「她是××。他在××。看起來像……。最後就……。糟糕！××破了。××被打。咦？什麼不見了？」	順序圖卡中的哪一張。本訓練可以包含在接下來的課程中，直到訓練 6。
		⑵ 進行方式： ① 先選擇適當的一組圖卡，不要讓學生看到內容。 ② 用一句話到兩句話的長度描述圖卡的內容。 ③ 鼓勵學生複述老師剛剛所說的內容，然後打開圖卡給學生看，請學生再重複一次句子。	・學生只要能說出與圖卡有關的內容即可：漏字、發錯音，不需刻意糾正，但老師要記錄下來以便分析原因，可作為其他活動設計的依據。 ・有時候學生反應較慢，不要立刻協助他複誦，給學生一點時間處理訊息。等待是建立學生自信心很重要的技巧。

訓練	課程目標	活動範例與流程	說明
		④ 其他的圖卡都以同樣的方式進行。 ⑤ 當所有的圖卡都放在桌上，老師說一個句子，觀察學生是否能指認出正確的圖卡。在學生指認前，先鼓勵學生複誦一遍內容。 ⑥ 如果學生在此訓練中無法辨識，老師可以協助學生指出正確圖卡，並多鼓勵學生，然後在下一個訓練時用同樣的圖卡重複這個活動，直到他有信心辨識圖卡。 ⑦ 學生辨識情況良好，可以換新的一組圖卡或進行延伸活動。 (3) 順序圖卡範例（附圖卡，段落理解單元 3-3-1~3-3-3）： ①  ② 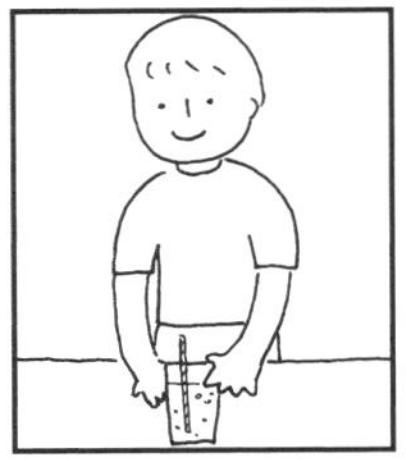 ③  ・老師選擇合適圖卡後，依照圖卡做文字敘述： 「桌上有一杯汽水。」「弟弟想拿來喝。」「糟糕！弟弟把杯子打破了。」 ・老師依照圖片內容做描述後，學生需正確指認出圖卡。 2. 延伸活動： (1) 回答相關問題： ① 以上述的順序圖卡為例，當學生可以指認圖卡後，老師便可	・嘗試難易不同的問題，以了解學生理解問題的程度，可在後面的訓練加強練習。

訓練	課程目標	活動範例與流程	說明
		以開始提問圖卡中的相關內容；所問的問題又有難易之分，例如： ・簡單的層次：「桌上有什麼？誰想喝汽水？杯子怎麼了？」 ・較難的層次：「汽水在哪裡？弟弟想做什麼？杯子怎麼破了？汽水怎麼了？」 ② 如果只用「聽」的方式，學生在回答問題時有困難，可以用一些策略幫助他，例如：改變問句形態，「桌上有汽水嗎？」當學生能夠回答此問題後，再問原先的問題「桌上有什麼？」 ③ 改變協助學生回答問題的方式，例如：用讀唇，但讀完後要學生立刻用「聽」的方式再聽一遍。 ④ 每一個故事皆可用同樣的問句形式，直到你的學生能夠用「聽」的方式回答同樣的問句形式，再換新的問句形式。 (2)重述故事： 當學生聽完故事，可以做辨識時，可試著要學生重述故事給你聽。	・學生重述若不完整，或學生用自己理解的方式描述，只要順序是對的，老師都應接受。但要記錄不完整或錯的部分。可作為其他訓練活動的依據。
4	從閉鎖式聽取中，指出相關描述的人或物	1. 活動流程： (1) 玩「猜猜我是誰？」或「猜猜我是什麼？」的遊戲，老師用二至四個句子描述同一個人或物，學生要從老師描述的線索中猜出答案。	・本訓練可以幫助孩子專注地「聽」並發展歸類的能力，也可以培養解題的策略，為開放式聽取能力作準備，最終目標是要學生能指出老師所描述的人或物。人或物的特徵有主要特徵和次要特徵（如：大象的主

訓練	課程目標	活動範例與流程	說明
		(2) 活動設計的形式要從簡單的開始，例如：簡單的用語、明確的描述、類別差異大的選項等，描述的內容必須是學生熟悉的或相關的知識。 (3) 活動時，先讓學生了解遊戲規則，可以選擇數種圖卡或物品放在學生前面，讓學生注意聽你的描述，再做正確的選擇，範例：「牠是寵物，牠有四條腿，喜歡吃骨頭，牠是什麼？」剛開始可用類別差異大的選項讓學生容易從中選擇正確的項目，例如：馬、汽車、小狗、蘋果。	要特徵是長鼻子，次要特徵是高大、重、有四條腿）；描述時從次要特徵開始，以培養孩子搜尋、連結、排除和推測的能力。
		(4) 如果學生指認不正確，再聽一次。先請學生把圖卡或物品中有四條腿的動物拿出來，再複述一次描述的內容，如果仍然指認不正確，再加一些更明確的線索，例如：「牠會汪汪叫。」 (5) 如果學生指認有困難，可在下一堂課程中，仍用同樣物品，直到他能辨識為止。	・學生無法指認也許與認知能力有關，若有需要，要在認知學習中加強相關概念。
		(6) 如果學生能順利指認，則換其他圖卡或物品，以相同方式進行。 2. 延伸活動：	・若學生可以進行指認，在本訓練的後段部分，閉鎖式的問題亦可以作為開放式的問題。
		(1) 延伸活動中會增加困難度，包含用語的難度加深、非直接性的描述、邏輯性增加、選項更多、選項的類別更相近或具有某些相同的特質。範例： ① 把游泳、足球、乒乓球、洗澡、籃球的圖卡放在桌上（附圖卡，段落理解單元 4-1~4-5）。	・選項特質相同的特性越多，會加深聽取的困難度，學生必須更專注去聽出其中的差異。

訓練	課程目標	活動範例與流程	說明
		② 接著，老師開始描述： ・老師說：「它是一種運動。」指導小朋友把運動類圖卡拿出來，把非運動類圖卡放一邊。 ・老師說：「它要使用球。」要小朋友把球類運動圖卡拿出，把非球類的圖卡放一邊。 ・老師說：「它要好多人一起玩。」要小朋友把好多人一起玩的運動圖卡拿出來，把兩人的運動圖卡放一邊。 ・老師說：「它要使用手，它是什麼？」小朋友拿出籃球圖卡後，回答：「籃球。」	・用邊聽邊操作的方式，協助學生學習思考策略：等運用熟悉後，則學生不再邊聽邊操作，而要等聽完後直接說出答案。老師可從三張圖卡開始練習，然後逐漸增加圖卡量。
		(2) 換學生當老師。剛開始有些困難，學生也許不明白遊戲規則或不擅於描述，他可能會直接告訴你物品的名稱而非描述其特質，這時可再回到前面的活動練習。有時學生可能無法運用完整的句子說出，請接受這樣的描述，或者可以請學生想一想，然後再說出正確的句型。若仍有困難，例如學生說：「它……紅色……吃的。」老師可以反問：「你是說，它是紅色的食物嗎？」學生點頭表示同意，則請學生再描述一次完整的句子。 (3) 用錄音練習，老師先將描述預錄下來，讓學生聽完後再猜。	・這是培養學生運用認知及歸類知識，理解物件的主要及次要特徵，以增進描述物件的能力。老師要將學生句中表達不完整的部分記錄下來，以了解在句型練習上需要加強的部分，例如：功能字「是」、「的」或總稱詞，如：食物、動物、文具……等。
5	進行主題式生活會話	1. 活動流程： (1) 這個訓練的主題，是以生活上的經驗為主題，進行簡單對話。先告訴學生對話的主題是什麼，或者讓他自己選擇要談的主題，例如：公園或今天的早餐等（附圖卡，段落理解單元	・本訓練是從熟悉的生活經驗中發展傾聽與對話技巧。對話的進行是說話者和聽話者需共同負責的。在對話時要學習聽完說話者的話語，才可以發言的輪替概念。

訓練	課程目標	活動範例與流程	說明
		5-1~5-2），說完主題之後開始進行對話。	・學生如有能力，本訓練和下一個訓練（訓練 6）可以同時進行，差別只是難易度的不同。有些學生覺得訓練 5 比較容易，所以先做。此訓練是進行會話，下個訓練（訓練 6）是回答問題。
		⑵ 剛開始時，用兩至三句的句長進行對話就可以，再依孩子的能力增加句長，例如： 老師：「你今天早上吃什麼？」 學生：「我吃稀飯和小菜。」 老師：「你猜我今天吃什麼？」 學生：「不知道。」 老師：「你可以問我啊！」 學生：「是麵包嗎？」	・老師是對話過程中主要的引導者，但不能總是由老師問、學生答，老師要引導學生學會發問、回答及維持相關話題等技巧。
		老師：「我不是吃麵條。」 （觀察學生是否會對老師的答覆語中，再次澄清所問的問題） 學生：「不是麵條，我是說麵包。」 老師：「我不是吃麵包，但是也是用麵粉做的。」……	・教師可以用假裝聽錯、假裝不懂或假裝說錯的技巧，引導學生學習「說明、解釋、描述」等對話技巧。
		2. 延伸活動： ・打電話： ① 告訴學生你將用電話進行主題討論，流程和以前練習過的相同（句子理解單元訓練 5）。 ② 依孩子的年齡和聽的能力選擇主題、句子長度和句子形式。	・如果學生有能力進行本訓練，則可以進行實際電話問答的練習。打電話的活動，可以讓學生學習打電話的流程、電話禮節與合宜的電話會談技巧。

訓練	課程目標	活動範例與流程	說明
		③ 對某些學生而言，雖然在前項活動中他可以進行會話，但經由實際的電話對談就可能會有困難。 ④ 如果是這種情形，繼續用現場的會話方式進行，或進行句子理解單元訓練 5 的閉鎖式電話對談方式（內容重點參考句子理解單元訓練 5）。	
6	針對主題式故事或短文回答問題	1. 活動流程： (1) 告訴學生主題，主題的選擇可以是一件生活事件（曾經在學校或家裡發生的事情），或一則短故事。要確定所選用的教材是否符合學生的年齡及能力。 (2) 將所選的題材唸給學生聽，剛開始用兩個至三個簡單的句子描述就可以了。但是先不要讓學生看到相關的圖片。 (3) 說完之後提問： ① 告訴學生有幾個問題要問。當你告訴學生有兩個問題要問，即使他回答得很好，也不要企圖增加問題的數目。可以在下一個訓練時再增加問題的數目。 ② 如果學生純粹用「聽」的方式聽不清楚、無法回答問題，需同時藉由「讀唇」才能回答的話，那麼，就讓學生配合讀唇再聽一次，待學生回答正確後，將視覺線索去除再問一次，觀察學生是否能回答問題。 ③ 開始時，使用簡單的問句形式提問，然後在每一堂課增加新	・發問可以提示重點並促進思考，當學生在上一訓練中學會了基本會話技巧後，本訓練將運用「發問技巧」引導學生學習掌握故事及短文的內容、順序、結果及更多的細節。學生若能掌握故事及短文的結構，就能提升記憶能力，為重述故事的技巧作準備。 ・提供視覺線索，可讓學生專注在故事上，並從中獲得成就感，對學生而言是很重要的。

訓練	課程目標	活動範例與流程	說明
		的問句形式。 ④ 學生回答完問題後，再讓他看相關的故事圖片是否吻合他所回答的問題內容。 ⑤ 若回答不正確，等學生看完圖片後，再重述問題，請學生回答。 ⑥ 角色輪替。換學生說故事給你聽以及提問題。若學生有錯誤的問句形式，老師在回答問題前要先做修正，使學生習得正確的句子與問句形式。老師也可以故意回答錯誤的答案，觀察學生是否專注聽他人的回答，並學習判斷答案是否正確。	・角色輪替，是讓學生練習提出結構性問題的好活動。
		2. 故事與問句範例： (1) 球掉了： 哥哥有一個紅色的球，他把球丟給弟弟，弟弟沒有接到，球就掉到地上了（附圖卡，段落理解單元 6-1）。 提問： ・誰有球？ ・球是什麼顏色的？ ・球掉到哪裡去了？ ・球為什麼會掉到地上？ (2) 去麵包店： 早上的時候，媽媽帶了一百元去麵包店買早餐，她買了一瓶牛奶和三個巧克力麵包（附圖卡，段落理解單元 6-2）。	・故事提問有四個層次，從最簡單的層次提問，同時可以練習不同句型的問句。以小紅帽故事為例，由易到難的層次說明： (1) 第一層次：從故事的字裡行間就可以直接找到答案，例如：小紅帽去找誰？ (2) 第二層次：無法直接從字面上得到答案，必須聽完整句話或整個段落，經過分析與統整，才能找到答案，例如：在小紅帽的故事中有幾個角色？ (3) 第三層次：需要統整作者的語意，才能找到答案，例如：外婆為什麼會被大野狼吃掉？ (4) 第四層次：運用自己的先備知識，才能夠引申或聯

訓練	課程目標	活動範例與流程	說明
		提問： ・誰去麵包店？ ・她買了什麼？ ・媽媽為什麼要買牛奶和麵包？ ・如果是你去麵包店，你會買什麼？為什麼？ 3. 當學生有信心回答問題時，讓學生學習故事裡的句型，並漸漸增加句長和概念的複雜度。如果學生有困難，則回到簡單的層次。 4. 故事與問句範例： (1) 妹妹蹦蹦跳： 妹妹最愛在客廳裡跑來跑去，結果一不小心撞到茶几，不但頭破皮了，而且膝蓋也流血了。妹妹痛的大聲哭喊，媽媽一聽到她的喊叫聲，就趕緊跑過來看，妹妹邊哭邊說：「我下次再也不敢在客廳裡面跑來跑去了。」（附圖卡，段落理解單元6-3） 提問： ・妹妹愛做什麼？（第一層次問題） ・妹妹身體哪裡受傷了？（第二層次問題） ・妹妹為什麼不敢跑來跑去了？（第三層次問題） ・聽完故事你有什麼感想？（第四層次問題） (2) 貓咪偷吃魚： 貓咪小花的肚子咕嚕咕嚕叫，於是牠趁著主人洗澡的時	想作者欲傳達的抽象訊息或自己的想法，例如：如果你是小紅帽你會怎麼做？

訓練	課程目標	活動範例與流程	說明
		候，偷偷地從魚缸抓了一條又大又肥的金魚，開心地大口大口地吃了起來，卻沒有注意到主人已經從浴室走出來：主人發現以後，生氣地把小花罵了一頓，不但如此，牠還被罰不准吃晚餐（附圖卡，段落理解單元 6-4-1~6-4-4）。 提問： ・貓咪叫什麼名字？（第一層次問題） ・咕嚕咕嚕是什麼聲音？（第二層次問題） ・主人為什麼生氣？（第三層次問題） ・如果你是貓咪，你會怎麼做？（第四層次問題）	
		⑶ 採水果： 暑假的某一個星期天，我們全家一起到武陵農場採水果。農場裡除了有各式各樣的水果之外，還有一大片綠油油的草原。果農叔叔說，如果要水果長得汁多味美，就要細心地照顧水果，例如：定期幫水果除草、剪枝、噴灑農藥等。雖然很辛苦，但是看到豐碩的成果，心裡就感到很滿足。最後，我摘了許多我最愛吃的蘋果，好開心喔！（附圖卡，段落理解單元 6-5） 提問： ・他們什麼時候去農場？（第一層次問題） ・要怎麼照顧水果，水果才會長得好？（第二層次問題） ・農夫為什麼會有好心情？（第三層次問題）	・說故事前可以先加強認知概念，例如：什麼是農場、果農、除草、剪枝、農藥、如何照顧水果等概念，再進行說故事。

訓練	課程目標	活動範例與流程	說明
		・如果你有一片農場，你想要做什麼？（第四層次問題） 學校裡也有許多好玩有趣的事，讀者可以編成故事使用。故事裡面可以放一兩個新詞，觀察學生是否自行發現而提問，還是忽略掉了。 5. 延伸活動： (1) 只用「聽」來回答問題。活動方法如上，但是不給視覺線索，問題的複雜度也可以做變化。 (2) 從錄音或 CD 中聽取故事內容： ① 在聽之前先告訴學生故事名稱，如果學生第一次未聽清楚，可以多聽一次，聽完後老師再提問。有些學生現場聽取聲音的能力很好，但是聽錄音或CD中的聲音可能會有困難。可以先讓孩子以讀唇並加上聽的方式進行問答，等到大多數問題能回答後，再單獨用「聽」的方式進行問答。 ② 不要等到你和學生都感到挫折才停止訓練，老師可以先進行下一個訓練（訓練 7），但試著在每一堂課中，做一些錄音或 CD 的聽取訓練。	・老師可以自製錄音，自行修改故事內容，以符合學生的聽取能力、語言能力或認知能力。
7	回想主題式故事的細節	1. 此訓練與前一訓練不同之處在於直接回憶故事的細節，而不用提問的方式進行。 2. 活動流程： (1) 開始時選擇簡短的故事。 (2) 老師說完故事後，請學生說出所聽到的內容，觀察學生能回想	・學生在前項訓練習得的故事、短文理解及記憶技巧，即可運用在此項訓練中。 ・說故事的小技巧： (1) 你可以運用相關物品和玩偶來變化故事，以維持學生的注意力和興趣。學生在操作的同時可以協助記

訓練	課程目標	活動範例與流程	說明
		多少細節。在此階段，學生只要說出故事的細節就可以了，順序不一定要正確。 (3) 如果學生很快就能依照順序說出大部分或全部的細節，表示學生的能力已超出此訓練或下一個訓練（訓練 8），請直接進行訓練 9。 3. 延伸活動： ・從錄音或 CD 中聽取故事： ① 同樣的故事改用錄音或CD播放；告訴學生故事名稱之後，讓學生從錄音或CD聽取故事。可以播放兩次，聽完以後讓學生儘可能地說出故事細節。 ② 學生能適應從錄音或CD中聽取聲音後，則增加故事的複雜度。	憶故事內容及故事順序。 (2) 當你說完故事時才拿出玩具，讓學生一面操作玩具，一面重述故事。 (3) 你可以和學生輪流說故事。學生在說的同時也在訓練學生組織故事的能力。 (4) 和學生討論故事內容。
8	回想主題式故事的順序	1. 此訓練與前一訓練類似，不同的是學生需按照順序說出故事細節。 2. 活動流程： (1) 告訴學生故事名稱，如果學生有需要，可以讓他看唇並討論主題，但是故事內容必須只用「聽」的，不提供視覺線索。 (2) 從三個順序的事件開始，然後發展四到五個或更多的順序事件。 (3) 如果學生無法依序說出故事內容時，你可以用提問的方式協助他回憶。例如：「一開始發生了什麼事？接著呢？然後呢？最後怎麼了？」	・學生若能依順序回想故事，表示對故事結構已能理解。這對往後自編故事或寫作，都是很有助益的活動。 ・故事的選擇，應要沒有前後的必然相關性，若為必然相關性，學生可以不用注意聽也能知道結果，例如：上完廁所後要洗手。

訓練	課程目標	活動範例與流程	說明
		⑷ 如果學生在回憶順序上有錯誤，請多鼓勵學生，例如：「你已經聽得很好了，現在再聽一次，然後告訴我正確的順序。」 ⑸ 如果學生能閱讀，你可以寫下學生所記憶的事件，然後重述故事給學生聽，讓學生再排一次事件發生的正確順序。 ⑹ 也可以請學生重聽一次後，讓學生用圖卡排出順序。 3. 故事範例： ⑴ 小熊買菜： 熊寶寶和熊媽媽到市場買菜，先買熊寶寶愛吃的紅蘿蔔，再買熊爸爸愛吃的麵包，最後買全家人都喜歡吃的蘋果（附圖卡，段落理解單元 8-1-1~8-1-3）。 ⑵ 假日出遊： 星期天早上，我們全家去新店碧潭玩，後來我們到深坑吃午餐，下午則到國父紀念館放風箏，晚餐後還去美麗華坐摩天輪欣賞台北夜景（附圖卡，段落理解單元 8-2-1~8-2-4）。	‧若學生在回憶順序上仍有困難，則簡化描述的內容，只著重事件的發生：見 3.故事範例⑴「小熊買菜」的簡化版。 ‧「小熊買菜」故事簡化版： 熊媽媽到市場買菜，先買紅蘿蔔，再買麵包，最後買蘋果。
9	重述故事並按照順序回想所有細節	1. 如果學生完成前面的訓練，能依順序回憶許多故事中的細節，則此一訓練便不是太困難。 2. 活動流程： ⑴ 訓練方式和前面的訓練相似。 ⑵ 先告訴學生故事名稱，老師再述說這個故事，說完以後，要求學生重述。	‧如果學生在訓練 8 已經能照順序回想故事，在此階段你可以用相同複雜度的故事開始訓練。如果學生只能重述一些細節，則回到前面較簡單的訓練。

訓練	課程目標	活動範例與流程	說明
		(3) 當學生在重述故事時，如果稍有停頓，最好不要打斷他，給他一些時間回想，除非他有困難，再做提示。	
		(4) 當學生說完以後，可以用提問的方式，提醒他忘記的細節，例如：「小明的感覺如何？你記得小熊做了什麼事情嗎？」對於較大的學生，說些鼓勵的話，例如：「你記憶力很好，只有兩個重點沒有提到，你能記起來嗎？」	・對於學生忘記的細節，老師可以重述包含該細節的段落，當說到學生忘記處，可以用加強音量的方式提醒注意。
		(5) 在此訓練中，除了提問和故事相關的問題之外，還可以延伸提問的內容，例如增加第四層次的提問：「你曾經住在台北市嗎？你認為台北市如何？」	
		(6) 如果需要推論故事的結果，可以用提問的方式來協助學生建立推論的思考過程。	・推理是根據過去所接受或記憶的資料，對訊息從事分析或統整的過程。在學習過程中，老師常需藉由提問引導學生思考的方向或思考的邏輯，讓學生經歷整個思考的過程，之後的答案則是水到渠成的事。
		(7) 如果故事中有新的詞彙： ① 要事先解釋並練習聽新的詞彙。	
		② 如果只有一兩個新詞，不要事先解說，看看學生是否會在聽故事的過程中或在聽完故事之後，詢問新詞的意思。 ③ 學生若沒有詢問，可能是學生能夠依前後文推測出新詞的詞意，但也可能是學生忽略新詞的出現。不論何種原因，老師都應提問以確定原因。	・這是學習新詞有效的方式。
		3. 延伸活動： (1) 增加時態上的變化，觀察學生是否能將時態用詞正確說出。範	・學生所說的順序對，但如果未將時態用詞正確說出，

訓練	課程目標	活動範例與流程	說明
		例是從訓練 8 的「假日出遊」中，將過去式修改成未來式為「假日計畫」：這個星期天早上，我們全家計畫要去新店碧潭玩，當天我們將到深坑吃午餐，下午會到國父紀念館放風箏，晚餐後預計去美麗華坐摩天輪欣賞台北夜景。 ⑵ 增加故事的複雜度，例如：增加故事的長度、句子的長度，以及詞彙和觀念的複雜度。複雜性的故事範例： ① 小熊的惡夢（三段式故事內容）： ・小熊有個壞習慣，玩完玩具之後從來不會物歸原處，把玩具丟得到處都是，整個房間弄得髒亂無比。 ・有一天晚上，他夢到所有的玩具向他大聲抗議說：「你把我們弄得又痛又髒，我們再也受不了啦！如果你再不好好愛惜我們，我們就會消失不見，不讓你玩了。」 ・這時，小熊突然驚醒，發現原來只是一場夢，趕快下床收拾，一會兒就把所有的玩具收拾得整整齊齊了（附圖卡，段落理解單元 9-1-1~9-1-3）。 ② 關渡賞鳥： 不久之前，我和班上同學一同坐遊覽車到關渡賞鳥，想要欣賞不同類型的鳥並拍下美麗的照片作為紀念。我們安靜地靠在欄杆旁用望遠鏡觀察鳥的一舉一動，牠們不但擁有鮮豔漂亮的羽毛，飛行的姿態也相當地優雅。我們拍下許許多多不同鳥類的照片，這一天讓我們覺得十分地充實（附圖卡，段落理解單元 9-2）。	則表示學生需要再加強時態的用語，如：「要、將、會、預計等」。 ・故事的長度不一定要很長，但是使用的句子較長，詞彙、詞性和認知觀念較深。

訓練	課程目標	活動範例與流程	說明
		③ 可以使用有順序概念的故事或事件，進行執行順序、方向順序，或時間順序等順序訓練： ・如何做蘋果派（附圖卡，段落理解單元 9-3-1~9-3-4）。 ・如何泡奶茶。 ・如何做生日卡片。 ・如何到超級市場。 ・如何安排一天。 ⑶ 接下來，你可以用開放式的、有順序概念的指令，看學生是否可以正確執行。例如：「去廚房從櫃子裡面拿出一個藍色的杯子，放在客廳的茶几上。」或者是，「上二樓後右轉，走到長廊底左轉，會有三個櫃子，拿出最上層櫃子裡面的物品。」學生照指令做完後，請他告訴你，他拿到什麼物品，這樣你可以知道他是否執行正確。年紀較大的學生，可以用地圖進行訓練。但如果用地圖進行指令，就不是完全開放式的訓練，因為有視覺線索。 ⑷ 學生能熟練地重述故事之後，可以教導學生改述故事的技巧。改述故事並非只是改換不同的字詞，亦可以改換不同的句型；例如：「把—被」的替換：「小雄把水打翻了」替換為「水被小雄打翻了」。 ⑸ 讓學生從錄音或 CD 中聽取故事，再重述。要注意故事的複雜度必須比現場聽故事的層次再更簡單些。	・可運用情境教學實際操作，增進對事件順序的記憶。

訓練	課程目標	活動範例與流程	說明
10	從開放式聽取中，指出相關描述的人或物	・活動流程： (1) 和訓練 4（閉鎖式聽取）進行的方法相同，但是在這個訓練當中沒有引導，沒有任何圖卡或物品的提示，完全是開放式的聽取訓練。 (2) 增加語言和認知的難度。可選用課堂裡曾經教過的主題，這可使學生增強所學，同時也是很好的聽覺活動。你可以描述每日常規的活動，然後問：「我在做什麼？」、「他們在做什麼？」例如：「媽媽用長長的管子在地上吸來吸去，然後地上就變乾淨了。媽媽在做什麼？」學生要回答：「媽媽用吸塵器吸地板。」 (3) 如果學生回答有困難，讓他追述你所說的句子。這個方法可以了解學生是聽取困難或是無法理解而想不出答案。如果是後者，給他一些線索，協助他理解。如果是聽取困難，你可以給予學生一些陳小娟教授於追述法文章中所提到的策略： ① 多次重複整個片語或整句話。 ② 把片語或句子分段複誦。 ③ 複誦整個片語或句子，但在學生漏掉的詞彙或片語部分加重音量。 ④ 只重述錯誤的詞彙或片語。 ⑤ 寫下漏掉或不正確的詞彙。 ⑥ 呈現漏掉或不正確詞彙的圖卡。 ⑦ 換個方式重述該片語或句子，然後再複誦一次。 ⑧ 對於漏掉的片語或詞彙，給予視覺線索，再回到「聽」。	・追述法是由 De Filippo 與 Scott（1978）所發展出來的程序。進行的方式是老師說完一個句子、或一個段落、或一個故事之後，學生要複述老師說過的內容。使用追述法可以協助老師了解學生的聽記憶長度、漏字情形及聽理解的狀況，一方面也協助學生理解他自己在聽的時候所遺漏掉的部分（請參考陳小娟教授追述法相關文章著作）。

訓練	課程目標	活動範例與流程	說明
11	進行沒有事先告知主題的會話	1. 與訓練 5（回答問題）相似，但對話是沒有事先告知主題的。 2. 活動流程： (1) 坐在學生旁邊，假裝用電話談話或面對面地談話。 (2) 實際用電話練習對話。	・此訓練有利於發展學生的會話技巧、釐清字詞、句子意義等策略。
12	重述沒有事先告知主題的故事，並按照順序回想所有細節	1. 與訓練 9（按照順序重述故事）相似，但沒有事先告知學生故事的主題。 2. 活動流程： 開始時使用比訓練 9 簡單的故事，慢慢增加段落數、句子的長度及加入較複雜的概念。	
13	噪音中的訊息聽取（噪音來自錄音的語音）	1. 活動流程： (1) 告訴學生，在老師說話的同時，會從錄音中播放一些語音，但請學生注意聽老師所說的，而不是聽錄音的內容。 (2) 教材可以選擇曾經做過的活動，從閉鎖式聽取開始，增加學生的信心，例如：「猜猜我是誰？」、「辨識兒歌或童謠」。 (3) 剛開始用 70 分貝現場語音（訊息），50 分貝錄音語音（噪音），訊噪比為 20 分貝，學生比較容易聽取。 (4) 如果學生能執行，則噪音量調高至 55 分貝。儘量做閉鎖式聽取，並維持一致的訊息音量。若學生能執行，則噪音量調高至 60 分貝，甚至 65 分貝。	・在噪音中聽取是一件困難的工作， 所以安排在最後做訓練，如果學生的程度不錯，也可以提早訓練，例如：學生已經做到句子理解單元的訓練 11，就可以開始進行此訓練。或者，當你開始進行開放式聽取訓練，也可以在每週的訓練中加入噪音聽取訓練。 ・當學生開始進行噪音中的聽取訓練時，他必須是一個有能力且有信心的聽者。 ・噪音的錄製說明： (1) 錄製三至五個人的說話聲音，可以是大人的（男人、女人）或小孩的說話聲音。 (2) 上課時老師可以選用不同的說話聲音作為背景噪音。如此，可以觀察學生易受哪一種聲音特質干擾。

訓練	課程目標	活動範例與流程	說明
		⑸ 如果學生完成以上工作，則可以開始做開放式聽取： ① 開始進行開放式聽取時，可以先不要加入噪音並選用簡單的故事，題材可以用前面教過的，例如：回答故事的問題、重述故事或回想故事細節。 ② 從 50 分貝噪音開始，先用簡單的故事。若學生做得很好，可以增加故事的複雜性，或增加噪音分貝數，漸漸進行至 65 分貝的噪音。 ③ 當提問時，可先關掉噪音。如果學生在噪音中的聽取能力越來越好時，提問時可同時播放噪音。 ④ 在噪音之下，若學生回答問題有困難時，可提供多個答案讓	・訊噪比調整說明： ⑴ 70 分貝現場語音，50 分貝噪音，訊噪比為 20 分貝。 ⑵ 70 分貝現場語音，55 分貝噪音，訊噪比為 15 分貝。 ⑶ 70 分貝現場語音，60 分貝噪音，訊噪比為 10 分貝。 ⑷ 70 分貝現場語音，65 分貝噪音，訊噪比為 5 分貝。 ・儀器設定與注意事項： ⑴ 錄音機沒有標準化音量，需要用聲壓計去標記錄音機的音量。同時也要標記老師、學生的位置與錄音機的距離。 ⑵ 老師說話的音量也要在聲壓計前測量並多練習，以保持音量在 70 分貝左右。

訓練	課程目標	活動範例與流程	說明
		學生選擇。 2. 這是項困難的工作，有些學生沒有能力做到此訓練或下一個訓練（訓練 14）。過程中學生需要許多的鼓勵。若學生仍有困難，則選取更簡單的故事或活動。 3. 延伸活動： ⑴ 錄音機放在固定位置，但漸漸增加你與學生的距離，也就是拉長訊息聽取的距離。 ⑵ 開始進行訓練 14 時，仍可以繼續進行此訓練。	
14	噪音中的訊息聽取（訊息及噪音皆來自錄音的語音）	1. 此訓練和上一訓練的不同在於：語音與噪音完全來自錄音，教材內容為故事。 2. 活動流程： ⑴ 準備兩台錄音機，一台播放錄製好的故事（訊息），一台播放已錄製的語音（噪音），老師可以視學生表現情形調整訊噪比或更換不同音質的噪音（男生或女生的噪音）。 ⑵ 讓學生坐在已標記的位置，確定好距離。錄音機亦放在已標記的位置，播放故事的錄音機音量標記設定在 70 分貝。 ⑶ 每一個故事皆可以重複播放。 ⑷ 一開始和學生活動時，可以先告訴學生故事的主題。如果學生重述故事的能力不錯時，可以用未事先告知主題的故事來做訓練。	・在最後兩個訓練中（訓練 13 和 14），對學生融合於真實環境中是很有用的。因為一般教室噪音很大，當學生使用視覺線索無法克服學習時，噪音聽取技能加上視覺線索會比較容易一些。 ・沿用訓練 13 所錄製好的背景噪音。老師所要說的故事要事先錄製，可以錄製數個難度不同的故事。 ・訊噪比的調整方式、儀器設定與注意事項均與前一訓練相同。

句子理解單元

本課程著重在句子理解的層面，因此教師要在學生聽覺記憶長度及順序的能力內，發展不同的句型及基本的對答技巧。課程中包含十二個訓練：訓練 1-6 為閉鎖式聽取；訓練 7-10 為開放式聽取；訓練 11-12 是在噪音環境中進行閉鎖式及開放式聽取。在閉鎖式的聽取中，老師可以給予學生幾個選項做選擇，或給予提示以協助他們做辨識、回想或理解；在開放式聽取中，則不給予任何提示，他們需要學習只有用「聽」的方式，進行主題式的對話。

本課程於段落理解單元訓練 1 完成之後，就可以開始進行。各理解單元內的訓練可以同步進行，如：段落理解單元的訓練 2、句子理解單元的訓練 1，以及字詞理解單元的訓練 1 可以同時進行。

▶ 課程內容

1 辨識熟悉的短句或片語→ 2 回想句中的兩個關鍵詞→ 3 回想句中的三個關鍵詞→ 4 回答問題→ 5 回答熟悉且已知的主題→ 6 四項或四項以上的關鍵詞記憶，並遵循多項指令，發展事件的順序→ 7 進行開放式的聽取→ 8 回答已知主題的句子→ 9 回答未事先告知卻熟悉的主題→ 10 完整且正確地重述句子→ 11 噪音中的訊息聽取（噪音來自錄音的語音）→ 12 噪音中的訊息聽取（訊息及噪音皆來自錄音的語音）。

訓練	課程目標	活動範例與流程	說明
1	辨識熟悉的短句或片語	1. 活動流程： (1) 選擇學生熟悉的內容，可以是學校或家裡的常規活動、童謠或兒歌，從中選出學生常用的句子或片語，例如：去上學、弟弟騎腳踏車、小星星等。 (2) 選擇適合學生程度的教材，學生可以用指出圖卡、實物或說出所聽到的，或用動作表現出來。 (3) 老師先說目標語再拿出相關的教材或做相關的動作，之後請學生一起做動作與仿說，例如：老師說「拍拍手」後，再拿出「拍拍手」的圖，或是請學生一起做「拍拍手」的動作，最後要學生仿說一次「拍拍手」。 (4) 當學生做的練習夠充分之後，可以開始進行辨識。 (5) 辨識時從兩個選項開始，能力佳的學生可以做相同長度句子的辨識，例如：「拍拍手、搖搖頭」。如果學生有困難，則從不同長度的句子開始，例如：「敲一敲 vs. 把積木放進去」；「坐下 vs. 請打開窗戶」。然後，漸漸地把句子的長度改為相同長度。 (6) 如果辨識順利，增加選項為三項；其中之一的選項選出後，可再加入一項，以保持三個選項。 2. 延伸活動： (1) 改變距離。當學生表現出對句子辨識很有信心時，你可以拉長距離，觀察學生在一公尺、二公尺……遠的距離是否仍保有好	・從學生可辨識的句子或片語中選擇兩項為一組開始。如果學生連辨識不同句長都有困難時，老師可以協助指出正確的句子，並多做不同句長的練習，以便學會從超語段的差異辨識句子。

訓練	課程目標	活動範例與流程	說明
		的辨識能力。 (2) 變化句中同詞性的詞彙，如變化主詞或動詞來增加句子的豐富性與困難度，例如：爸爸（媽媽、哥哥、姊姊）在房間看書（睡覺、聽音樂）；但一次只更換一個詞彙。 (3) 用錄音練習，老師先將句子錄在錄音機裡面，每個句子重複兩遍，一樣是從兩個選項開始做練習。	・此延伸活動，可以幫助學生對句型的理解及熟悉。
2	回想句中的兩個關鍵詞	1. 活動流程： (1) 先做篩選詞彙的步驟，選擇學生會的詞彙。這個步驟不用花太多的時間，可以用圖卡讓學生選出他認識的，再用這些圖卡做記憶長度及順序的練習。 (2) 教導學生「和」的認知概念，或者用其他的方式代表，如：老師可以放兩個圈圈，代表兩個物品，請學生把物品放在圈圈裡。 (3) 也可以先明確地告訴學生要選出兩項物品。要學生聽完你所說的並且複述，才可以動手拿。如果學生只辨識出一個關鍵詞，老師要重述整個句子，不可只重述未辨識出的部分。 (4) 能力佳的學生可以一次呈現五至六個選項，然後依照老師的指令選出兩個正確的選項，例如：選項中有蘋果、香蕉、鳳梨、葡萄、西瓜；老師說：「給我蘋果和西瓜。」學生便要拿出蘋果和西瓜。如果學生無法做到，從三個選項開始，或是選用字數不同、聲調不同的詞彙。	・以此訓練開始建立學生的聽覺記憶長度及順序性，以拓展句子長度。 ・一開始沒有按照老師指令的順序拿出物品並沒有關係，只要物品選對就可以了。當學生有信心時，再要求順序的正確性。

訓練	課程目標	活動範例與流程	說明
		2. 活動範例： (1) 活動要多變化，學生才不會覺得無趣。可以玩操作式的遊戲，例如：準備一些動物或人偶，以及可做動作的小道具；老師說：「幫小狗洗澡」、「娃娃站起來」、「爸爸開車」，然後由學生操作。或者可以設計一個動物模仿秀的活動，老師先準備幾個動物頭套，說出指令後，學生選出正確的頭套並模仿該動物的動作，例如：老師：「猴子在爬樹。」學生則戴上猴子的頭套並做爬樹的動作。	
		(2) 變化不同的詞性或句型：若詞性相同也可以變換不同的句型，例如：除了用「給我××和××」的句子外，也可以變換成「帽子在櫃子裡」、「我要大的蘋果」、「這是爸爸的衣服」、「我的襪子破了」等。 (3) 相同的指令也可以變換不同的用語，讓學生從中學習不同的描述方式，如：「給我又大又紅的氣球」或「給我大的紅色的氣球」。	・學生有兩項記憶長度且有順序性時，應要協助學生發展此能力範圍內的各類句型。
		(4) 運用刪去法，選出老師沒有說的項目：學生需專注地聽並要理解句子。剛開始可能需要父母、同學或老師的示範，選項不要太多，例如：準備兩個選項（鳳梨和香蕉），老師：「我不要鳳梨，我要什麼？」答案是香蕉。或者準備小狗和兔子，老師：「我要小狗，我不要什麼？」答案是兔子。學生做得好，則增加選項數目至三至四個選項。	・刪去法也會運用在段落理解單元訓練 4 裡，可以讓學生學會聽取長串的描述而不會混亂。

訓練	課程目標	活動範例與流程	說明
		(5) 以一張圖卡為一個記憶單位。活動時老師可以準備數張圖卡，然後描述某兩張的圖卡內容，再由學生選出正確的圖卡，如：老師：「媽媽在掃地，爸爸在看書。」學生要選出正確的圖卡。 3. 延伸活動： 用錄音練習，老師先將訊息錄起來再讓學生聽取。	・這是一個較困難的活動方式，此活動可以增進孩子的句長。
3	回想句中的三個關鍵詞	1. 活動流程： 這個練習與上個練習的活動流程相似，不同的是要學生選出三項關鍵詞彙並重述句子。 2. 活動範例： (1) 準備六項圖卡或物品，讓學生依指令選出三項圖卡或物品，例如：「給我小狗、斑馬和老鼠」。	・本訓練為增加記憶長度，以便可以學習較長的句型。可以與下一個訓練（訓練 4）同時進行。 ・剛開始可以接受學生不按照順序的拿取，當學生對三項記憶穩定時，則鼓勵學生三項記憶要有順序性。 ・如學生進行三項關鍵詞記憶有困難時，則： (1) 漸漸增加選項的量，例如：四項中選出三項、再從五項中選出三項，最後由六項中選出三項。 (2) 可以先固定句子中的某一選項，從另外兩個選項做變化，例如：人／地點／事件，先固定地點，弟弟在公園溜滑梯；爸爸在公園看報紙。等到學生了解及有能力記憶後，可將三項記憶項目同時做更換，例如：媽媽在廚房洗菜、爸爸在客廳講電話。 (3) 或者將句子分段說，例如：媽媽在廚房（停一會兒）洗菜。

訓練	課程目標	活動範例與流程	說明
		⑵ 老師可以多變化指令與遊戲方式，例如：把小熊的裙子塗紅色。找出大的 藍色的 球。小熊在操場 跑步。老師說完後，要學生複述一次，然後再操作。 3. 延伸活動： ⑴ 增加選項的數目及內容的相近性，因此學生必須專注地聽，才能正確指認出，例如：準備的物品有男生偶和女生偶、紅色腳踏車和摩托車、藍色腳踏車和摩托車。當老師說：「女生騎紅色的腳踏車」，學生要正確拿出女生偶騎在紅色腳踏車上面。 ⑵ 變化或加強不同的詞性。 ・例如方位詞的變化：旁邊、上面、下面、裡面、外面等句型，如：「書放在椅子上面」、「筆放在杯子旁邊」。 ・加入否定詞，例如：「爸爸沒在看電視」。	・當三項記憶長度和順序穩固時，要協助學生發展三項記憶長度的各類句型。 ・「上面、下面」的音相近，在聽取上易混淆，剛開始先不要放在一起做聽辨。
4	回答問題	1. 活動流程： ⑴ 問句長度要符合學生的聽覺記憶長度及順序性。 ・年齡較小的學生可以從「是什麼？有多少？在哪裡？做什麼？什麼顏色？」等問句開始。 ・問學生一系列與圖片相關的問題。問的問題要包含人、事、時、地、物、過程、結果、因果等各種不同的問句形態，例如：「誰？什麼事？什麼時候？什麼地方？怎麼做？後來呢？結果呢？為什麼？」等問句來描述。 ・若學生已熟悉某個問句形式時，則可減少視覺線索，只用	・這個訓練主要讓學生聽懂問句，並正確回答問題。與段落理解單元訓練 6 相似；不同的是，此訓練可輔以視覺提示，而進行段落理解單元訓練 6 時，只告知故事或短文的主題，必須只用「聽」的方式進行。

訓練	課程目標	活動範例與流程	說明
		「聽」的方式來回答問題。若學生也能勝任，則加入新的問句形式。 (2) 準備學生熟悉並有興趣的圖卡或物品，讓學生「看著」圖卡回答問題。 (3) 學生輪流當老師發問，如果學生一開始句型不完整，例如：「有多少貓？」老師不需要特別修正，但是老師要補充學生不完整的句子，使句子完整，例如：「這裡有多少貓？」 (4) 用錄音練習。 2. 記錄學生的問題，例如學生不懂：「××在哪裡？」的問句，老師可以設計相關的課程活動，並用學生聽懂的句子替代使用，再帶入目標語。例如：先和學生玩動物玩具（二、三種動物就可以），趁學生不注意時，把某一隻動物藏起來，然後一起去尋找被藏起來的動物：老師要用問句：「大象呢？大象不見了？大象在哪裡？」最後找到大象的時候老師要用答句：「大象在這裡。」或「大象在桌子下面。」	・這個方式可以幫助學生發展良好的對話技巧。
5	回答熟悉且已知的主題	1. 活動流程： (1) 老師與學生背對背坐著，或者同方向坐著，但是要學生不要看老師的臉，先用會話的方式。當學生熟悉主題且對會話內容有信心之後，再用打電話的方式進行會話。 (2) 由老師問學生問題，問題從學生熟悉的主題中取材，而不同年齡的會話內容會有所不同；例如：	・這課程是為開放式對話及電話對談做準備。

訓練	課程目標	活動範例與流程	說明
		・年齡較小的學生，先用問候語就可以，例如：「早安！」、「你好嗎？」、「吃飯了嗎？」問候語可以順利對答後，接著可以問有關家裡、學校，以及書本上的問題，例如：「他是誰？」、「狗狗呢？」、「小豬怎麼了？」、「杯子在哪裡？」 ・年齡較大的學生，則告訴他主題或是讓他選擇主題，例如：主題為「去動物園」，可以問學生：「你什麼時候去的？你搭什麼交通工具去的？需要轉車嗎？動物園分哪些區？你喜歡哪一區的動物？為什麼？」 2. 延伸活動： (1) 可以試著讓學生問問題，從簡單的問題問起，例如：「這是什麼？」、「媽媽呢？」、「有沒有？」、「怎麼了？」、「做什麼？」 (2) 實際用電話對談時，一樣從簡單的問題問起，再將內容慢慢加深。	
6	四項或四項以上的關鍵詞記憶，並遵循多項指令，發展事件的順序	1. 活動流程： ・方式與訓練 3 相似，而此訓練為四項記憶內容，讓學生聽完並重述後再操作。本訓練分為三個層次性的練習： ① 準備的圖片或物品，其特質差異要大，因為句子中的要素差異大，較能讓學生輕鬆達成，建立信心，例如：把冰箱裡紅色的蘋果給媽媽；把正方形的積木放在小熊的旁邊。	・此訓練為增加學生的記憶長度、順序，並擴展句子長度。可以同步進行下一個訓練（訓練 7）。

訓練	課程目標	活動範例與流程	說明
		② 用兩個短句或順序事件的句子，學生需在兩個短句中聽出部分的差異或事件先後順序。例如：「哥哥要黃色的卡車，弟弟要黃色的汽車。」、「男生穿橘色的上衣，女生穿粉紅色的上衣。」、「小美先脫外套，然後坐在沙發上。」物品的特徵可以變化多個相似性選擇，例如：服飾類有外套、大衣、背心、上衣等。顏色有紅色、粉紅色、黃色、藍色等。 ③ 使用四項記憶以上的指令或更多的順序或發音相似的詞彙，例如：「小明先做功課，再和妹妹到公園盪鞦韆，之後再玩飛盤。」、「黃色的放上面，紅色的放下面。」 2. 延伸活動： 將上述的練習內容改用錄音，每個句子重複兩次，讓學生聽完後重述再操作。	
7	進行開放式的聽取	1. 活動流程： (1) 用學生熟悉的兒歌或童謠，唱或說一段，讓學生接著完成，但是先不要告訴學生主題。 (2) 給學生簡單事件，用簡單的句子呈現，可以用學生曾經學過的任何句子做練習。要學生重述你所說的然後執行，例如：「把電風扇打開。」如果學生不會做，給他語言上的提示，例如：「今天好熱。」或者，「它會讓你很涼快。」 (3) 建立句子的長度以及句子的複雜度。前項的訓練如果順利，可以試著把句子漸漸拉長並增加句子的難度，例如：「打開窗	・本訓練是第一個開放式的練習，學生只用「聽」的方式，不給予任何視覺上的提示。這與訓練 1 和訓練 6 不同，因為在訓練 1 中，有提供學生選項，但在此訓練中則沒有特定的選項。而在訓練 6 中，有圖卡或物品的提示，這裡則沒有圖卡或物品的提示。但是可以用其他的句子多做描述，提供累贅性線索。 ・句子的長度要符合學生的聽覺記憶長度，且語法結構必須是學生熟悉的。

訓練	課程目標	活動範例與流程	說明
		戶，然後坐下來。」、「睡覺之前，去刷牙。」、「轉三圈後，拍拍手再踏踏步。」 2. 延伸活動： 將上述的訓練內容改用錄音，每個句子重複兩次，讓學生聽完後重述再操作。	
8	回答已知主題的句子	・活動流程： ・告訴學生主題，然後用一個句子描述這個主題，之後問相關的問題要學生回答，例如：「這是關於禮物的事情。昨天，奶奶送小美一份生日禮物。」老師提問：「誰送小美禮物？什麼時候送的？為什麼要送小美禮物？」整個過程請讓學生用聽的方式進行。	・在簡短的句子中，用提問的方式建立聽理解及問答技巧。
9	回答未事先告知卻熟悉的主題	1. 活動流程： (1) 活動內容與上一訓練（訓練 8）相似，不同的是在此訓練中，需選擇學生熟悉的主題，但是不要事先告訴學生主題。 (2) 可以用一些好玩的方式進行，例如：老師先寫下一個學生感興趣的主題，並設計數個相關問題，然後把問題放在「戳戳樂」盒子中，當學生聽完內容之後，再從盒子中戳一個問題回答。或是把問題編號後，用丟骰子方式選擇：拿一個骰子，丟到 1，則回答編號 1 的問題。 2. 延伸活動： ・角色互換，由學生提問題。	・建立學生提問的能力。

訓練	課程目標	活動範例與流程	說明
10	完整且正確地重述句子	1. 活動流程： (1) 告訴學生此訓練的規則，老師只說一個句子一遍，學生聽完後要正確地複述每個字，例如：「今天是星期三。」 (2) 從短句開始，漸漸增加長度，以增加學生的信心，例如：「下雨了，媽媽進去拿傘。」、「他跌倒了，所以在哭。」、「我好渴，要到便利商店買飲料。」、「車子在路上拋錨，沒辦法開了。」 2. 學生在重述時，如果有不正確或漏字時： (1) 老師要將整個句子重述一次，並強調錯誤或漏字的部分。 (2) 如果老師重述後，學生還是說錯同樣的字詞，可能是學生對這個字詞無法理解，老師可以用簡單且學生已理解的詞彙，或增加句子的描述加強學生對此字詞的理解。例如：學生不懂「漆黑」這個詞彙，老師可以用「黑黑的、暗暗的」的詞彙加強說明。當學生了解句意後，請他把整句話重述一遍。 (3) 若學生仍有錯誤，可先鼓勵學生，說：「差不多對了，只少了／錯了一個字，再聽一次喔！」再要求學生重述。 (4) 如果學生完全沒有辦法重述，老師要了解問題的癥結，是句子的設計超過學生的理解程度或記憶長度，還是學生沒興趣：可以問學生：「你聽到什麼？」試著了解學生的問題。 3. 延伸活動： (1) 畫出故事：	・在此要選用高預測性的句子，也就是學生可以從前面一個句子，預測下一個句子的意思。這樣的句子可以提供線索幫助學生了解句意及增加記憶性，並增進語句的邏輯性。 ・請參考段落理解單元訓練 10 追述法的說明與策略。

訓練	課程目標	活動範例與流程	說明
		老師將句子組合編成故事，老師描述並和學生同時畫下內容：最後彼此對照圖畫是否相同，然後請學生描述，例如：「有一個大盤子，裡面裝了一串葡萄，葡萄的右邊有二個蘋果。」 ⑵ 句子接龍遊戲： 老師只說出情況，後面的句子讓學生接著說，例如老師說：「我去逛超級市場……」，學生可以接著說：「買了水餃和菠菜」；老師：「我有蘋果……」，學生可以接著說：「蘋果又脆又香」。老師所設計的情況要多元化，可以激發學生聯想，但學生所接的語句必須合理。 ⑶ 推理： 老師也可以說出後半段句子，讓學生說出情況，再用完整的句子描述出，例如：「我的衣服淋濕了。」學生要回答：「忘了帶雨傘。」然後完整描述：「下雨天忘了帶雨傘，所以老師的衣服淋濕了。」 ⑷ 照樣造句： 藉由不同的句型，練習語句邏輯，例如：「棉花糖軟綿綿的，就好像……（就好像雲）。」、「慢得像××一樣（慢得像蝸牛一樣）。」 ⑸ 開放性造句： 老師只要起個頭，讓學生自編情況與結果，例如：「如果……（如果下雨，就不能出去玩了）。」	・老師每說完一個句子的時候，要稍作停頓，讓學生有足夠的時間作畫。 ・較小的孩子可用操作方式或自黏貼紙作畫。

訓練	課程目標	活動範例與流程	說明
11	噪音中的訊息聽取（噪音來自錄音的語音）	・活動流程： ⑴ 了解學生的聽覺能力，設定適當的訊噪比，訊噪比由差異大漸漸到差異小。 ⑵ 如果訊息是男生的聲音，可以選用男生說話的聲音當作背景噪音。如果訊息是女生的聲音，可以選用女生說話的聲音當作背景噪音。 ⑶ 以閉鎖性的方式進行，從簡單的句子（五個字→七個字、八個字、九個字）開始聽取，可以從回想關鍵詞開始做起。	・在噪音環境中聽取是較困難的工作，因此將此訓練放在最後的階段。學生將在噪音中練習聽訊息（現場的聲音、電話和錄音）。會有學生無法進行此訓練或下一個訓練（訓練 12）。 ・噪音錄製及訊噪比調整，請參考段落理解單元訓練 13。 ・剛開始時，用閉鎖式聽取的方式來建立學生的信心。
12	噪音中的訊息聽取（訊息及噪音皆來自錄音的語音）	・活動流程： ⑴ 與上個練習相同。不同的是訊息和噪音都是由錄音中播放出來。 ⑵ 一開始課程內容可以是上次練習過的句子。每次選用四個句子，先以閉鎖式聽取為主，每個句子只聽一次，請學生聽完後找出正確的句子（圖卡或文字）。若是學生無法執行，可再聽一次。如果可以執行，也可再聽一次，以加深印象。每次的順序可做調整。如果學生表現好，再使用開放式句子。 ⑶ 過程中，可輪流使用男生或女生的背景噪音，不一定只用同一種背景噪音。若能力不錯的學生，可以一次用十二個閉鎖式句子，從中聽取並指出正確的句子。若不事先告知學生這是之前練習過的句子，而學生還能指出正確句子，就算是開放式聽取。	・噪音錄製及訊噪比調整，請參考段落理解單元訓練 14。

字詞理解單元

在本單元裡，是運用字詞分辨難易不同的組合為刺激音，結構化的協助聽損兒童逐步辨識出音素中的差異。字詞中聲母與韻母的選取是依國音的中心頻率（附件四，國音音調模式）來分類，另外尚加入國語語音特性的考量，編列分辨難易的組合。但在此要提醒訓練者，聽覺損傷所導致的聽覺行為，個別差異性大，本單元就一般通則所編列的難易組合，僅供參考，訓練者不一定要依照如此細的分組來設計活動，但當學生聽辨發生困難時，就可依此原則逐步找出切入點。

當完成段落理解單元的訓練 1，進入段落理解單元訓練 2 的同時，就可以開始進行字詞理解單元訓練 1，同時也可以進行句子理解單元訓練 1（可參照聽覺技巧訓練課程架構圖）。

▶ 韻母特性與詞彙配對難易說明

國語語音的韻母相當於英語語音系統的母音（vowels）。它是氣流從肺部出來，經過聲帶振動，不受其他構音器官的阻擋，在口腔中引起共鳴並因舌位的前後、高低及嘴唇的圓撮而產生的語音，且能夠單獨地發音。國語韻母可以分成單韻母、複韻母、聲隨韻母、捲舌韻母、介音和結合韻母（附件五，國音韻母表）。依中心頻率則分成四組，第一組是「中低」中心頻率韻母（ㄨ、ㄛ、ㄜ、ㄠ、ㄤ）、第二組是「中」中心頻率韻母（ㄞ、ㄟ、ㄡ、ㄢ、ㄣ、ㄤ、ㄥ、ㄦ）、第三組是「中高」中心頻率韻母（ㄚ、ㄝ、ㄥ）、第四組是「高」中心頻率韻母（ㄧ、ㄩ）。

進行韻母辨識時，在選擇刺激音配對時，要以中心頻率差異大的開始，如第一組和第四組中心頻率先作配對訓練，再依學生的進展逐漸選擇差異性較小的刺激音作配對（請參考附件六韻母詞彙配對難易表）。當選擇同一組內的韻母時，仍有難易的差別，必須顧及韻母不同特性，以第二組中心頻率韻母（ㄞ、ㄟ、ㄡ、ㄢ、ㄣ、ㄤ、ㄥ、ㄦ）中的聲隨韻母（ㄢ、ㄣ、ㄤ、ㄥ）為例說明：

1. 「ㄢ」和「ㄤ」有相互替代的情形

   「ㄢ」和「ㄤ」是由單韻母和尾音聲母所組成。這兩個音的單韻母均是「ㄚ」，但尾音聲母有所不同，「ㄢ」的尾音聲母是「ㄋ」，「ㄤ」的尾音聲母則是「ㄫ」，若省略尾音聲母或未聽清楚尾音聲母，則「ㄢ」會聽成「ㄚ」或「ㄤ」；「ㄤ」則聽成「ㄚ」或「ㄢ」。

2. 「ㄣ」和「ㄥ」有相互替代的情形

   「ㄣ」和「ㄥ」是由單韻母和尾音聲母所組成。這兩個音的單韻母均是「ㄜ」，但尾音聲母有所不同，「ㄣ」的尾音聲母是「ㄋ」，「ㄥ」的尾音聲母則是「ㄫ」，若省略尾音聲母或未聽清楚尾音聲母，則「ㄣ」會聽成「ㄜ」或「ㄥ」；「ㄥ」則聽成「ㄜ」或「ㄣ」。

如語言察覺章所言，當聽損兒童發音錯誤時，我們要釐清是構音問題，還是聽的問題，若是聽的問題，則了解韻母的特質有助聽辨活動的設計。

聲母特性與詞彙配對難易說明

國語語音的聲母相當於英語語音系統的子音（consonants）。它是氣流從肺部出來之後，經過聲帶，造成振動或不造成振動，並受到舌頭或牙齒等構音器官的阻擋，所產生的語音。國語聲母可以依照發音的方法、送氣／不送氣方式和構音的部位來做分類（附件七，國音聲母表）。

聲母特性依中心頻率分成五組，第一組是「低」中心頻率聲母（ㄋ、ㄇ、ㄌ）、第二組是「中低」中心頻率聲母（ㄆ、ㄇ、ㄅ）、第三組是「中」中心頻率聲母（ㄎ、ㄏ、ㄈ、ㄊ、ㄍ、ㄐ、ㄘ、ㄓ、ㄖ）、第四組是「中高」中心頻率聲母（ㄅ、ㄉ、ㄑ、ㄔ、ㄖ、ㄗ）、第五組是「高」中心頻率聲母（ㄒ、ㄕ、ㄙ）。

辨識聲母時與韻母相同，從組間差異大的開始選擇；若在同一組則需考量發音方式、送氣／不送氣方式與發音位置的不同，所造成聽取上的難易。由簡單到難的程度排列為發音方式，接著是送氣／不送氣方式，最後是發音位置的不同。以第三組中心頻率的聲母（ㄎ、ㄏ、ㄈ、ㄊ、ㄍ、ㄐ、ㄘ、ㄓ、ㄖ）為例說明：

1. 第三組中心頻率聲母其中「ㄊ、ㄍ、ㄎ」同為塞音（發音方式相同），「ㄍ、ㄎ」為相同發音方式，送氣方式不同，又「ㄊ、ㄎ」為相同發音方式且相同送氣模式；「ㄘ、ㄓ、ㄐ」同為塞擦音之發音方式，又「ㄓ、ㄐ」為相同發音方式且相同不送氣模式；「ㄈ、ㄖ、ㄏ」同為擦音之發音方式，又「ㄈ、ㄏ」為相同發音方式且同為清音。
2. 簡單到難的步驟排列：
   (1) 不同發音方式，例如：ㄓ／ㄖ。
   (2) 相同發音方式、不同送氣方式的辨識（意即辨識只有送氣方式的不同），例如：ㄍ／ㄎ。
   (3) 相同發音方式、相同送氣方式，不同發音位置的辨識（意即辨識只有發音位置的不同），例如：ㄊ／ㄎ。

老師只要清楚上述原則並掌握學生的程度與興趣，便能設計出符合學生能力的辨識課程。對於使用人工電子耳的學生，則要從高頻率的聲母開始。聲母詞彙選用，請參考附件八「聲母詞彙配對難易表」。

▶ 課程內容

1 辨識不同字數的詞彙→ 2 辨識相同字數，但不同聲母、韻母與聲調的詞彙→ 3 辨識聲調→ 4 辨識相同聲調，但不同聲母與韻母的詞彙→ 5 辨識韻母→ 6 辨識聲母。

訓練	課程目標	活動流程與範例	說明
1	辨識不同字數的詞彙	1. 本訓練依孩子的程度與年齡分成幾個層次的活動來達成最後的目標。 2. 活動流程： (1) 首先，玩一些節奏遊戲，進行的方式可以多樣化，以增加孩子的興趣，例如：打鼓、拍手。如果孩子會數 1、2、3，老師可以敲一下、二下或三下，然後換孩子敲他所聽到的鼓聲數目；或者發無意義的單音，例如：「ㄚ、ㄚ、ㄚ」，然後讓孩子跟著發音；或是發有意義的詞彙「冰淇淋」，如果孩子的敲鼓數或發音數與老師的相互吻合，則進行下個活動。 (2) 接下來，準備學生已認知或常見的三項圖卡或物品（不同字數詞彙的圖卡或物品各一項，例如：豬、蘋果、冰淇淋）。每項物品，老師要先用完整的句子說幾次名稱，但要強調目標音，	・本目標是讓孩子藉由辨識不同字數的超語段線索來學習語言。 ・這個活動設計為引導活動，在學生進入正式活動前學會遊戲規則及反應模式。 ・整個活動過程要先讓孩子用聽的，不要給孩子視覺線索。 ・先用遊戲的方式（如：打鼓），確定孩子能感知 1、2、3 數量的不同，才帶入語音。學生所發出的語音數量能和老師所發出的語音數量相同就可以進入不同字數字詞的辨識。 ・老師說話時，需注意速率不可以太快或太慢。 ・在選用詞彙時，所選用的詞彙要涵蓋豐富的語音訊息，讓學生感受到各式的語音特質，不是只偏重某些特定的聲母、韻母或聲調。

訓練	課程目標	活動範例與流程	說明
		例如：「這是豬」，說完了之後再讓孩子看或玩一下，並且讓孩子仿說他所聽到的語音。孩子仿說「豬」或「這是豬」的詞句。接下來學生仿說二個字或三個字的目標音句型形式都要一樣。 (3) 將剛剛說過的圖卡或物品全放在桌上，開始做正式的辨識活	‧老師需觀察與記錄學生是否能仿說一、二、三個字的詞彙。確定學生是否能聽出字數的差異；還是能聽出字數差異，只是不能正確地仿說。老師也可以再玩上述的節奏遊戲來釐清。 ‧如果學生仿說的不清晰並沒有關係，重要的是，他是否正確地說出三個字或一個字的字數。在此階段，主要是訓練聽出字數的不同而認出圖卡，所以聲母或韻母說錯沒關係，目標是字數正確；例如：老師說：「給我狗」，孩子說成「給我頭」，但是拿對狗的圖卡，老師要記錄下來，在適當課程裡加強「ㄍ和ㄊ」的構音問題。如果老師說：「給我狗」，孩子說成「給我頭」，但是拿錯圖卡，拿成「冰淇淋」的圖卡，表示字數分辨的能力或記憶能力尚不足，要加強這部分的練習。 ‧如果學生不願意仿說，則要教導用指認的方式。剛開始老師帶著學生的手去指認所聽到的語音圖卡或物品，最後，要學生獨立執行。如果學生連指認都不願意，則由母親去指認，學生觀看。練習幾次後，當老師說出字詞後，先觀察學生的眼神是否落在圖卡或物品上再由母親指認。 ‧觀察學生是否可由前項分辨字數的技能中，類推到此

訓練	課程目標	活動範例與流程	說明
		動，學生對陳列的物品可以指認時，老師可將三項物品中的一項換成學生從未學過的物品再進行辨識。在放入新詞彙之前一樣要先說幾次這個詞彙，再放入詞組中作辨識。 (4) 如果學生辨識有困難： ① 學生無法很快地選出老師所說的圖卡或物品時，老師不必急著給答案，可以給學生一些時間思考與反應。 ② 或者，老師可以描述詞彙的相關特性作為提示，例如：「給我狗，牠會汪汪叫。」 ③ 或者，可以簡化辨識的難度：先用三個字對一個字的辨識，只要準備二項物品即可，例如：蛋、腳踏車。 (5) 如果學生對三項物品的辨識順利，則將物品漸增加至四項、五項或六項作辨識。	活動中，順利指出或說出新的字詞。 ・老師要學習等待。 ・在此階段若學生是認知概念不足，可以加強學生的認知概念以及詞彙量。
2	辨識相同字數，但不同聲母、韻母與聲調的詞彙	1. 活動流程： (1) 選擇符合學生程度及有興趣的活動。 (2) 先玩「聲調遊戲」，讓學生感知聲調的變化。老師可以發出不同的聲調，學生跟著發音，或是做出代表聲調的手勢，或是認識聲調的符號。 (3) 詞彙選擇先以四個同字數，不同聲母、韻母與不同聲調的詞彙為一組，例如：書、鞋、馬、蛋（一字組）或西瓜、葡萄、老鼠、電話（二字組）。 (4) 準備相關的圖卡或物品。老師說完之後才能讓孩子看，例如：	・本訓練除去字數不同的線索，讓學生學習依據聲母、韻母和聲調的線索來辨識不同的語音，而不是依據字數來辨識。 ・選擇詞彙時，要涵蓋不同聲母、韻母以及聲調的訊息。 ・老師的用語要用完整句，不是片語也不是不完整的句

訓練	課程目標	活動範例與流程	說明
		「我有西瓜。」說完了之後再讓孩子看或玩一下，並且讓孩子仿說他所聽到的詞彙。 (5) 將剛剛說過的圖卡或物品放在桌上，開始做辨識的工作。辨識的反應可以用有趣的活動吸引孩子，例如：美勞遊戲或賓果遊戲或是聽到指令做動作；當老師說：「給我馬。」孩子便做出馬在跑的動作。	子，因為不完整的句子會減少語言的訊息。
		(6) 如果學生對四個詞彙為一組的辨識有困難，則減少選項至三個詞彙或二個詞彙，待學生通過後再增加數量。	・如果孩子無法做正確的辨識，先了解原因，找出是哪個環節有問題，例如：是對相同字數辨識不出，還是對於某些相近的聲母、韻母或是聲調辨識不出。此時老師平常的觀察與記錄就顯得格外重要。
		(7) 如果學生辨識順利，則將詞彙漸增至十二個詞彙為一組，老師可以視學生的能力增加詞彙，對於能力好的學生一次可以增加五至六個詞彙，對於能力較弱的學生一次增加一至二個詞彙就可以了。 2. 延伸活動： (1) 老師改變用語，把關鍵字放在句子中間，例如：「把蘋果給我。」而不是放句尾：「給我蘋果。」	
		(2) 學生聽取間接描述的句子來找出字詞，例如：「牠會在水裡游。」學生要選出魚。 (3) 用記憶加削去法，選出老師未說出的物品，例如：有三項物品，老師說出其中二項，學生要選出老師沒說的那一項。	・學生要有相當程度的認知概念才能進行。

訓練	課程目標	活動範例與流程	說明
		⑷ 可以加入課程中老師所教的新詞彙作為辨識的材料。	
3	辨識聲調（相同聲母與韻母，但不同聲調的詞彙）	1. 活動流程與訓練 2 相似。但是目標主要在辨識聲調，所以雖然在上個訓練中已經玩過聲調遊戲，在這個活動的一開始，仍要做聲調的練習，及聲調的辨識。可以選擇單音作為四聲練習與辨識，例如：ㄚ、ㄚˊ、ㄚˇ、ㄚˋ。 2. 詞彙選擇以聲母、韻母相同，聲調不同的詞彙為原則。詞彙範例：媽／痲／馬／罵；包／薄／飽／抱。做辨識時，以聲調差異大的為優先配對，例如：包／抱。	・本訓練目標在訓練學生辨識聲調。也就是訓練學生在字數、聲母與韻母相同的情況下，僅以聲調的線索作辨識。人工電子耳對四聲調的辨識較有困難，短時間內無法達成，可以在接下來的課程中同步練習。 ・聲調辨識時，以差異大的為優先，也就是一、四聲先辨識。二、三聲較易混淆，所以放在最後做辨識。
4	辨識相同聲調，但不同聲母與韻母的詞彙	1. 活動的方式與上一個訓練相似，但不需要做聲調練習。 2. 先以二個詞彙作辨識。能夠順利辨識之後，再遞增為四個詞彙作辨識。 3. 選擇相關的圖卡或物品：老師說：「給我西瓜。」學生要拿出正確的圖卡或物品，或是做出老師所描述物品的相關特徵，例如：「烏龜」，則模仿烏龜的動作。 4. 詞彙範例： ⑴ 一聲聲調： 貓／花／豬／雞：西瓜／香蕉／烏龜／飛機。 ⑵ 二聲聲調： 牛／魚／蛇／糖：蝴蝶／葡萄／枇杷／皮球。 ⑶ 三聲聲調： 馬／手／腳／草：水果／小鳥／雨傘／洗澡。	・本訓練目標為去除字數與聲調的線索，學習依據不同聲母、韻母辨識不同的詞彙。 ・在此同時要廣增學生的認知和詞彙量。

訓練	課程目標	活動範例與流程	說明
		⑷ 四聲聲調： 蛋／樹／菜／麵；外套／電話／大象／睡覺。	
5	辨識韻母 （相同聲母與聲調，但不同韻母的單字詞）	1. 活動的方法與上個步驟的方式類似。 2. 進行課程活動時，要多重複幾次詞彙，讓學生聽出韻母不同的地方，但仍要以完整句呈現，例如：「這是馬。」然後再拿出相對應的圖卡或物品。再呈現另外一個字詞，也是重複多次，例如：「這是米。」在正式辨識前，要找出含目標音的各種字詞，給予學生豐富的聽取經驗，例如：「ㄚ」的詞彙：擦、爬、頭髮、螞蟻、蠟筆……等學生聽取成熟後再進行辨識活動。 3. 如果學生程度夠，認識的詞彙夠多，老師可以用一個快速篩檢的方式：先準備詞卡讓學生唸，留下學生會唸的詞卡，不會唸的收起來，將學生會唸的字詞留作辨識之用。 4. 做辨識活動時，記得呈現的順序要做變動，以減低學生用猜的機率，而是真正以「聽」的方式來做學習。 5. 辨識活動的最後，可以放一個學生不會的字詞做辨識，觀察學生是否能運用前面所學進行辨識。 6. 鼓勵學生說出他所聽到的詞彙。若學生說不清楚但是能正確指認，表示學生可聽辨，可能是構音上的問題，例如：老師：「拜」，學生也指「拜」，但說出的是「爸」（ㄞ的音變成	・此目標在於去除字數、聲母與聲調的線索，學習依據韻母的不同辨識不同的詞彙。共分為十一個子訓練，依照韻母詞彙配對難易表做辨識材料。 ・先從學生已辨識的詞彙中，選出符合條件的字為一組，進行韻母辨識。

訓練	課程目標	活動範例與流程	說明
		ㄚ），老師可以多說幾次，讓學生聽正確的語音，觀察學生是否可以自我校正發音。 7. 老師記錄下學生未通過的韻母或容易混淆的韻母有哪些，之後在課程中安排這些韻母做練習，例如：「ㄞ」這個韻母聽辨不好，可以結合不同聲母在課堂上或生活上多做練習，例如：「戴」帽子、喝牛「奶」、「歪歪」的、有「太」陽、「來」、「踩」等。 8. 如果學生對某些組別聽辨有困難時，請繼續別組的聽辨，等下一個階段再回來進行原本有困難的部分。 9. 以下為各組的詞彙配對範例，配對組別若只為頻率的差異，則不特別在說明欄中加註；若除了頻率的差異外，尚包含韻母特性的辨識，將在說明欄中加註說明。	
5-1	第一組韻母 vs. 第四組韻母	・詞彙範例：鵝 vs.魚； 肚 vs.弟	・ㄨ、ㄧ配對，因其第一共震峰相似，高頻聽損使用助聽器者，此兩音聽辨較易混淆。
5-2	第一組韻母 vs. 第三組韻母	・詞彙範例：倒 vs.大；唱 vs.秤	
5-3	第二組韻母 vs. 第四組韻母	・詞彙範例：來 vs.驢；抬 vs.提	
5-4	第一組韻母 vs. 第二組韻母	・詞彙範例：書 vs.山；燒 vs.收	

訓練	課程目標	活動範例與流程	說明
5-5	第二組韻母 vs. 第三組韻母	・詞彙範例：拍 vs.趴；彈 vs.疼	
5-6	第三組韻母 vs. 第四組韻母	・詞彙範例：拔 vs.鼻	
5-7	第一組韻母	・詞彙範例：河 vs.壺； 逃 vs.塗	
5-8	第二組韻母	・詞彙範例：翻 vs.飛； 彈 vs.糖；琴 vs.晴	「ㄢ、ㄤ」以及「ㄣ、ㄥ」有相互替代的現象。因此為同一組辨識時，會較為困難。
5-9	第三組韻母	・詞彙範例：招 vs.切；瓜 vs.弓	
5-10	第四組韻母	・詞彙範例：吸 vs.噓；梨子 vs.驢子	
5-11	辨識四個詞彙	・詞彙範例：肚 vs.蛋 vs.大 vs.弟（不同組別） 肚 vs.倒 vs.盪 vs.戴（鄰近組別） 山 vs.伸 vs.傷 vs.聲（聲隨韻母）	・四個詞彙為一組時，可以先從不同組別各選一個韻母配對。辨識順利後，以同組的配對或鄰近組別的配對為主。最後可以用同一組形態韻母做辨識，例如：聲隨韻母。 ・作配對時，不能只偏重幾個韻母做辨識，每一個韻母應盡量做配對辨識，老師可以觀察出當哪些語音做配對時，學生可能聽得不好或混淆。
6	辨識聲母 （相同韻母與聲	1. 活動方式與上一步驟相同。 2. 聲母辨識為語音中最困難的辨識活動。最終目標以辨識一組六個	・共分為十七個子訓練。目標在於去除韻母與聲調的線索，學習依據聲母的不同辨識不同的詞彙。聲母辨識

<table>
<tr><th>訓練</th><th>課程目標</th><th>活動範例與流程</th><th colspan="4">說明</th></tr>
<tr><td></td><td>調，但不同聲母的單字詞）</td><td>詞彙為主。原則上以遞增的方式增加詞彙量，即先辨識二個詞彙，再四個詞彙，最後做六個詞彙的辨識。

3. 以下為各組的詞彙配對範例，配對組別若只為頻率的差異，則不特別在說明欄中加註；若除了頻率的差異外，尚包含聲母特性的辨識，將在說明欄中加註說明。</td><td colspan="4">雖以不同頻率為主，但仍需注意聲母特性的難易度，以辨識發音位置的難度最高。詞彙選用技巧在字詞理解的聲母特性與聲母詞彙配對難易說明中介紹過，請參閱附件七和附件八。</td></tr>
<tr><td>6-1</td><td>第一組聲母 vs.
第五組聲母</td><td>・詞彙範例：米 vs.洗；老 vs.掃</td><td colspan="4"></td></tr>
<tr><td>6-2</td><td>第一組聲母 vs.
第四組聲母</td><td>・詞彙範例：捏 vs.切；牛 vs.球</td><td colspan="4"></td></tr>
<tr><td>6-3</td><td>第二組聲母 vs.
第五組聲母</td><td>・詞彙範例：八 vs.沙；跑 vs.掃</td><td colspan="4"></td></tr>
<tr><td>6-4</td><td>第一組聲母 vs.
第三組聲母</td><td>・詞彙範例：鹿 vs.兔；貓 vs.糕</td><td colspan="4"></td></tr>
<tr><td rowspan="2">6-5</td><td rowspan="2">第二組聲母 vs.
第四組聲母</td><td rowspan="2">・詞彙範例：跑 vs.吵；鼻子 vs.旗子
泡 vs.倒
抱 vs.倒</td><td>聲母配對</td><td>發音方法</td><td>送氣方式</td><td>發音位置</td></tr>
<tr><td>＊ㄆ／ㄉ
＊ㄅ／ㄉ</td><td>同
同</td><td>不同
同</td><td>不同
不同</td></tr>
<tr><td>6-6</td><td>第三組聲母 vs.
第五組聲母</td><td>・詞彙範例：狗 vs.手；腳 vs.小
河 vs.蛇</td><td>＊ㄏ／ㄕ</td><td>同</td><td>同</td><td>不同</td></tr>
</table>

訓練	課程目標	活動範例與流程	說明			
			聲母配對	發音方法	送氣方式	發音位置
6-7	第一組聲母 vs. 第二組聲母	・詞彙範例：拉 vs.趴；撈 vs.包 鬧 vs.帽	＊ ㄋ／ㄇ	同	同	不同
6-8	第二組聲母 vs. 第三組聲母	・詞彙範例：辮子 vs.毽子；跑 vs.草 拋 vs.高 泡 vs.套	＊ ㄆ／ㄍ ＊ ㄆ／ㄊ	同 同	不同 同	不同 不同
6-9	第三組聲母 vs. 第四組聲母	・詞彙範例：狗 vs.走；關 vs.穿 兔子 vs.肚子 草 vs.吵	＊ ㄊ／ㄉ ＊ ㄘ／ㄔ	同 同	不同 同	同 不同
6-10	第四組聲母 vs. 第五組聲母	・詞彙範例：茄子 vs.鞋子；敲 vs.削 熱 vs.射	＊ ㄖ／ㄕ	同	不同	同
6-11	第一組聲母	・詞彙範例：辣 vs.黑；牛 vs.流 尿 vs.廟	＊ ㄋ／ㄇ	同	同	不同
6-12	第二組聲母	・詞彙範例：八 vs.媽；盆 vs.門 剝 vs.潑	＊ ㄅ／ㄆ	同	不同	同
6-13	第三組聲母	・詞彙範例：鬍子 vs.竹子；繞 vs.套 土 vs.鼓 狗 vs.口 飛 vs.黑	＊ ㄊ／ㄍ ＊ ㄍ／ㄎ ＊ ㄈ／ㄏ	同 同 同	不同 不同 同	不同 同 不同

訓練	課程目標	活動範例與流程	說明			
			聲母配對	發音方法	送氣方式	發音位置
6-14	第四組聲母	·詞彙範例：抖 vs.走；笛子 vs.旗子 鑽 vs.穿 拜 vs.戴	＊ㄗ／ㄔ ＊ㄅ／ㄉ	同 同	不同 同	不同 不同
6-15	第五組聲母	·詞彙範例：三 vs.山；撕 vs.獅	＊ㄙ／ㄕ	同	同	不同
6-16	辨識四個字詞	·詞彙範例：錶 vs.鳥 vs.腳 vs.小； 三 vs.山 vs.搬 vs.翻				
6-17	辨識六個字詞	·詞彙範例：跑 vs.老 vs.烤 vs.少 vs.草 vs.掃； 褲子 vs.肚子 vs.簿子 vs.兔子 vs.柱子 vs.鋪子				

參考資料

中文部分

丁慧瑜（1997）。**寶貝手指謠 1.2.3**。台北：三之三。

李昭幸（1995）。國音中子音和母音最適當的頻率帶。**特殊教育與復健學報，4**，267-298。

林美珍（1996）。**兒童認知發展**。台北：心理。

陳小娟（1994）。聽覺復健簡易教材。**高市鐸聲，4**（2），3-8。

陳小娟（1992）。追述法在聽覺障礙學生語言接受力之評量與訓練研究。**特殊教育與復健學報第二期抽印本**。

陳幗眉（1995）。**幼兒心理學**。台北：五南。

黃瑞珍（1999）。故事結構分析法在語言學習障礙兒童教學之應用。**國小特殊教育，27**，4-10。

張玉成（1997）。**教師發問技巧**。台北：心理。

雷飛鴻（2002）。**新編辭海**。台南：世一。

鄭昭明（1994）。**認知心理學——理論與實踐**。台北：桂冠。

鍾玉梅、張淑惠、張曉寧、黃玲淵、鄭勝利、賴香妹、羅麗鈴（1992）。**發音編序教材**。台北：龍安國小。

鍾玉梅（1995）。**聽覺障礙的語言治療**。國立嘉義師範學院特殊教育中心印行。

韓文正譯（2004）。奧利佛・薩克斯原著。**看見聲音——走入失聰的寂靜世界**。台北：時報。

英文部分

Boothroyd, A. (1988). *Hearing impairment in young children.* Alexander Graham Bell Association for the Deaf.

Erber, N. (1982). *Auditory training*. Alexander Graham Bell Association for the Deaf.

Ling, D. (1989). *Foundations of spoken language for hearing impairment children.* Alexander Graham Bell Association for the Deaf.

Moog, J. S., Biedenstein, J. J. & Davidson, L. S. (1985). *Speech perception instructional curriculum and evaluation.* St. Louis, Mo, Central Institute for the Deaf.

Nancy, T. M. (2009). *Foundations of aural rehabilitation: Children, adults, and their family members* (3rd Ed.). San Diego/London.

Northern, J. L. (1991). *Hearing in children.* U. S. A.: Williams and Wilkins.

Los Angeles County School (1979). *Auditory skills curriculum.* U. S. A.: Foreworks.

Pollack, D. (1985). *Educational audiology for the limited-hearing infant and preschooler.* U. S. A.: Charles C. Thomas .

Romanik, S. (1990). *Auditory skills program book 1 for students with hearing impairment.* Special Education & Focus Programs Division NSW Department of School Education.

附件

附件一　助聽輔具檢核表

（助聽器、電子耳）

財團法人中華民國婦聯聽障文教基金會　□台北至德

助聽輔具檢核表（助聽器、電子耳）　□台中至德

學童姓名：＿＿＿＿＿＿＿＿　　配戴輔具：　左＿＿＿　右＿＿＿

檢查項目 ＼ 日期											
上課時攜帶備用電池／監聽耳機											
耳模	漏音										
	耳模易脫落										
	耳模破損										
	耳模遺失										
	出聲孔被耳垢塞住										
	耳管破損										
	耳管內有水氣										
	耳管變硬										
助聽器	沒電／電量不足／電力持續時間過短										
	電池腐蝕										
	電池座內潮溼										
	電池蓋鬆脫										
	助聽器外殼裂損										
	接觸不良										
	音量／音質異常										
	開關／程式轉換／音量鈕未在正確位置										
	麥克風處／麥克風保護片骯髒										
	耳鉤鬆脫										
電子耳	沒電／電量不足／電力持續時間過短										
	程式／音量／靈敏度／鎖定設定異常										
	音量／音質異常										
	訊號傳送異常										
	語言處理機上出現異常的顯示										
	無法正常開／關機										
	體外各元件接合處鬆脫										
	體外元件斷裂、折損										
	磁鐵強度不適當										
	頭皮有異常紅、腫、破皮現象										
	手術切口有異常現象										
檢測完畢後教師簽名											

附件二　助聽輔具檢核表

（調頻系統）

財團法人中華民國婦聯聽障文教基金會　□台北至德

助聽輔具檢核表（調頻系統）　□台中至德

學童姓名：＿＿＿＿＿＿　輔具：　左＿＿　右＿＿　調頻系統頻道：＿＿＿＿＿＿

檢查項目 ＼ 日期											
上課時攜帶備用電池／監聽耳機											
調頻發射器	訊號發射異常										
	頻道錯誤										
	沒電／電量不足／電力持續時間過短										
	無法充電										
	開關／麥克風模式未在正確位置										
	天線折損										
	螢幕（LED）顯示異常										
	外殼裂損										
助聽器＋接收器	沒電／電量不足／電力持續時間過短										
	助聽器開關／程式／音量鈕未在正確位置										
	助聽器無法接收調頻系統訊號										
	音靴與助聽器／接收器未正確連接										
	音靴鬆脫／裂損／接觸不良／金屬接點銹蝕										
	接收器開關／音量鈕未在正確位置										
	接收器無法接收發射器訊號										
	接收器金屬插腳銹蝕／彎折										
	接收器外殼裂損										
	訊號斷續／有雜音／有干擾										
電子耳＋接收器	沒電／電量不足／電力持續時間過短										
	電子耳程式／音量／靈敏度設定異常										
	電子耳音量／音質異常										
	電子耳訊號傳送異常										
	電子耳無法接收調頻系統訊號										
	電子耳與介面／接線／接收器未正確連接										
	介面電池／開關／音量鈕未在正確位置										
	介面／調頻系統接線故障										
	接收器開關／音量鈕未在正確位置										
	接收器無法接收發射器訊號										
	接收器金屬插腳銹蝕／彎折										
	接收器外殼裂損										
	訊號斷續／有雜音／有干擾										
檢測完畢後教師簽名											

附件三 語音距離察覺聽力圖

學生姓名：王小明　輔具：HA／CI（L／R）

測試日期：95.8.1.

	ㄋ	ㄨ	ㄦ	ㄚ	ㄙ
2m	v	v	v	v	
1m					v
50cm					
30cm					
10cm					

特殊記錄：無特殊記錄

測試日期：95.8.9.

	ㄋ	ㄨ	ㄦ	ㄚ	ㄙ
2m	v				
1m		v			
50cm			v	v	
30cm					
10cm					v

特殊記錄：聽力有變化，檢查後爲中耳炎

測試日期：95.8.18.

	ㄋ	ㄨ	ㄦ	ㄚ	ㄙ
2m	v	v			
1m			v		
50cm				v	v
30cm					
10cm					

特殊記錄：中耳炎治療中

測試日期：95.8.30.

	ㄋ	ㄨ	ㄦ	ㄚ	ㄙ
2m	v	v	v	v	
1m					v
50cm					
30cm					
10cm					

特殊記錄：中耳炎治療痊癒

附件四　國音音調模式（中心頻率）

中心頻率（Hz）／類別	低 中心頻率	中低 中心頻率	中 中心頻率	中高 中心頻率	高 中心頻率
	250 355	500 710	1000 1400	2000	2800
聲母	ㄋ ㄇ ㄌ	ㄆ ㄇ ㄅ	ㄎ ㄏ ㄈ ㄊ ㄍ ㄐ ㄘ ㄓ ㄖ	ㄅ ㄉ ㄑ ㄔ ㄖ ㄗ	ㄒ ㄕ ㄙ
韻母		ㄨ ㄛ ㄜ ㄠ ㄤ	ㄦ ㄞ ㄟ ㄡ ㄣ ㄤ ㄥ ㄢ	ㄚ ㄝ ㄥ	ㄧ ㄩ

附件五 國音韻母表

介音＼韻尾		單韻母				複韻母				聲隨韻母				捲舌韻母
						收ㄧ		收ㄨ		收ㄋ		收ㄫ		
開		ㄚ	ㄛ	ㄜ	ㄝ	ㄞ	ㄟ	ㄠ	ㄡ	ㄢ	ㄣ	ㄤ	ㄥ	ㄦ
		結合韻母												
齊	ㄧ	ㄧㄚ	ㄧㄛ		ㄧㄝ	ㄧㄞ		ㄧㄠ	ㄧㄡ	ㄧㄢ	ㄧㄣ	ㄧㄤ	ㄧㄥ	
合	ㄨ	ㄨㄚ	ㄨㄛ			ㄨㄞ	ㄨㄟ			ㄨㄢ	ㄨㄣ	ㄨㄤ	ㄨㄥ	
撮	ㄩ				ㄩㄝ					ㄩㄢ	ㄩㄣ		ㄩㄥ	

附件六　韻母詞彙配對難易表

辨識困難度	配對方式	組別配對
易	差異最大組	第一組 vs. 第四組
	組間	第一組 vs. 第三組
↓		第二組 vs. 第四組
	鄰組	第一組 vs. 第二組
↓		第二組 vs. 第三組
		第三組 vs. 第四組
難	組內	第一組 vs. 第一組
		第二組 vs. 第二組
		第三組 vs. 第三組
		第四組 vs. 第四組

附件七　國音聲母表

方式＼部位			雙唇	唇齒	舌尖前上齒背	舌尖上齒齦	舌尖後顎齦前	舌面前齦顎	舌根軟顎
塞	清	不送氣	ㄅ			ㄉ			ㄍ
		送氣	ㄆ			ㄊ			ㄎ
塞擦	清	不送氣			ㄗ		ㄓ	ㄐ	
		送氣			ㄘ		ㄔ	ㄑ	
鼻	濁		ㄇ			ㄋ		（ㄬ）	（ㄫ）
邊	濁					ㄌ			
擦	清			ㄈ	ㄙ		ㄕ	ㄒ	ㄏ
	濁			（ㄪ）			ㄖ		

附件八　聲母詞彙配對難易表

辨識困難度	配對方式	組別配對	說明
易	差異最大組	第一組 vs. 第五組	再次強調，各組內選擇時，需注意發音方式、送氣方式與發音位置之特性。
	組間相隔兩組	第一組 vs. 第四組	
↓		第二組 vs. 第五組	
	組間相隔一組	第一組 vs. 第三組	
↓		第二組 vs. 第四組	
		第三組 vs. 第五組	
↓	鄰組	第一組 vs. 第二組	
		第二組 vs. 第三組	
↓		第三組 vs. 第四組	
		第四組 vs. 第五組	
難	組內	第一組 vs. 第一組	
		第二組 vs. 第二組	
		第三組 vs. 第三組	
		第四組 vs. 第四組	
		第五組 vs. 第五組	

附件九 詞彙範例

韻母＼字詞＼聲母		ㄅ	ㄆ	ㄇ	ㄈ	ㄉ	ㄊ	ㄋ	ㄌ	ㄍ	ㄎ	ㄏ	ㄐ	ㄑ	ㄒ	ㄓ	ㄔ	ㄕ	ㄖ	ㄗ	ㄘ	ㄙ
																汁 芝麻 直 紙 痣	吃 池 尺 翅膀	濕 獅子 十 石頭 屎 柿子	日	吱 籽 紫 字	磁鐵 刺	撕 死 四
ㄚ		八 拔 靶 爸	趴 爬 扒手	媽 麻 馬 螞蟻 罵	發 罰站 伐 髮 法國	搭 搭車 達 打 大	他 塔 踏	拿 那個	拉 喇叭 辣 蠟筆	嘎嘎	咖啡	哈 哈蜜瓜 蛤				渣 扎 眨眼 炸 柵欄	叉子 茶 詫異	沙 啥 傻 煞車		紮 砸	擦	撒
ㄛ	喔	剝 玻璃 脖子 跛腳 播種	潑 坡 婆婆 破	摸 磨 抹 墨 茉莉	佛																	
ㄜ	鵝 噁 餓 鱷魚					得到	特		樂 垃圾	歌 割 哥哥 隔壁 閣樓 各	顆 殼 渴 課 客人	喝 河 盒子 荷花 鶴				遮 摺 這個 蔗	車 扯 撤	奢侈 蛇 捨 射 攝影機	惹 熱	責罵	冊 廁所	色 澀

聲母 字詞 韻母		ㄅ	ㄆ	ㄇ	ㄈ	ㄉ	ㄊ	ㄋ	ㄌ	ㄍ	ㄎ	ㄏ	ㄐ	ㄑ	ㄒ	ㄓ	ㄔ	ㄕ	ㄖ	ㄗ	ㄘ	ㄙ
ㄞ	挨打 哀 矮 愛	掰 白色 擺 拜	拍 牌 排 派	埋 買 賣 麥子		呆 逮到 戴	抬 台北 颱風 泰國	奶 耐力	來 賴皮	該 改 蓋	開 凱 慨	孩子 海 害怕				摘 宅 窄 債	拆 柴	篩子 骰子 曬		災 栽種 宰 載	猜 裁 採 踩 菜	腮 塞 賽
ㄟ		杯子 揹 北 被子 貝殼	胚 陪 配 佩	梅花 玫瑰 眉毛 美 妹	飛 肥 匪 吠 費用			餒 內	雷 壘 累 淚	給		黑						誰		賊		
ㄠ	凹 熬 襖 傲	包 薄 飽 寶貝 報紙 抱	拋 袍 刨 跑 砲 泡	貓 毛 卯 帽		刀 島 倒	掏 逃 桃花 討 套	惱 鬧	撈 勞 牢 老 烙餅	高 糕 搞 告	烤 靠	蒿 豪氣 毫毛 好 號				招 著火 找 照 罩	抄 超人 潮 巢 炒 吵	燒 勺子 少 哨子	饒 擾 繞	糟糕 鑿 早 棗子 皂 噪音	操 槽 草	搔 騷 掃 掃把
ㄡ	毆 嘔吐		剖	哞	否認	都 抖 豆子	偷 投 透		樓 摟 漏 露	鉤子 勾 狗 夠 購買	摳 口 扣 釦子	猴子 吼 後面 厚				舟 粥 軸 肘 皺	抽 愁 醜 臭	收 熟 手 瘦	揉 柔軟 肉	鄒 走 揍 奏樂	湊	搜 嗽
ㄢ	安全 按 暗	斑馬 搬 板子 拌 絆倒	攀 盤 判 盼	饅頭 鰻魚 滿 慢	翻 蕃茄 帆船 反 飯	擔心 膽子 蛋	攤 貪心 彈 毯子 探 炭	男 難	藍 籃子 懶 爛	乾 杆子 趕 幹	刊登 砍 看	鼾 含 寒冷 喊 汗				沾 展 站	攙 蟬 鏟子 顫抖	山 搧 閃 扇	燃 染	簪 咱 攢錢 讚	餐廳 蠶 慘 燦爛	三 傘 散

聲母／字詞／韻母		ㄅ	ㄆ	ㄇ	ㄈ	ㄉ	ㄊ	ㄋ	ㄌ	ㄍ	ㄎ	ㄏ	ㄐ	ㄑ	ㄒ	ㄓ	ㄔ	ㄕ	ㄖ	ㄗ	ㄘ	ㄙ
ㄣ		奔 本子 畚箕 笨	噴 盆	悶 門	芬芳 焚 墳墓 粉 糞					跟 根	啃	痕 狠 恨				針 枕頭 震	瞋目 塵 沉 襯衫	伸 深 神 嬸嬸 腎	人 忍 刃 認識	怎麼		森林
ㄤ	昂首 盎	幫忙 傍晚 綁 棒 蚌殼	乓 旁 胖	忙 蟒蛇	方 房子 仿效 放	噹 擋 盪鞦韆	湯 糖 躺 燙		狼 朗 浪	肛門 港口 槓	康 扛 炕	航行				張 漲 帳篷	昌 長 場所 唱	傷痕 傷口 賞 上面	嚷 壤 讓	髒 葬	倉庫 藏	桑葉 嗓 喪
ㄥ		繃帶 蹦蹦跳	烹 砰 棚 捧 碰	矇住 萌芽 猛 蜢 夢	風 風箏 縫 鳳梨	燈 登山 等 蹬 瞪	疼 藤	能	冷 愣	耕田 羹	坑	哼 橫				蒸 睜開 整齊 正面	撐 成功 盛飯 逞強 秤	聲音 生日 繩子 省 剩	扔 仍	增加 贈	層 蹭	僧
ㄦ	兒子 耳朵 二																					
ㄧ	一 衣 移 姨 椅子 藝術	鼻子 筆 畢業 碧綠 陛下	匹 劈 披 皮 琵琶 屁	咪 瞇眼 迷路 麋鹿 米 蜜蜂 秘密		低 滴 笛子 底 地下	踢 提 啼 體 替 涕	泥 你 溺水	梨子 離開 李子 力氣 厲害 立正				雞 機器 急 集合 擠 寄	七 妻子 騎 旗子 起立 汽車 氣球	吸 西瓜 膝蓋 習作 洗 細 夕陽							

韻母	字詞＼聲母	ㄅ	ㄆ	ㄇ	ㄈ	ㄉ	ㄊ	ㄋ	ㄌ	ㄍ	ㄎ	ㄏ	ㄐ	ㄑ	ㄒ	ㄓ	ㄔ	ㄕ	ㄖ	ㄗ	ㄘ	ㄙ
ㄨ	屋 烏鴉 無 五 舞 霧	補手 捕魚 布 簿子	撲 鋪 葡萄 譜 瀑布	母 姆 木 目	敷 浮 扶 撫 父 腹	嘟 讀 毒 賭 肚	禿 圖 塗 土 兔 吐	奴 努 怒	爐子 滷味 路 鹿 錄音機	菇 姑姑 鼓 骨頭 故事	哭 枯 苦 褲子	呼 忽然 湖 狐狸 虎 護士				豬 珠子 竹 煮 住	出 廚房 鋤草 處方 畜 觸電	書 梳子 淑女 鼠 樹	如果 乳 入	租 足 祖先	粗 醋	酥 俗 塑膠袋 素描
ㄩ	淤泥 魚 雨 玉							女	驢子 旅行 綠色				居然 橘 舉 聚 巨大	驅 取 娶 去	噓 徐 許多 續 序列							
一ㄚ	壓 牙 亞軍												家 夾 假 架子	掐 洽	蝦子 俠女 下面 嚇							
一ㄝ	噎 爺 椰子 野獸 葉子 夜晚	鱉 憋氣 彆扭 別	撇	咩 滅		爹 跌 疊 碟子	貼 鐵	捏	獵物 裂				接 街 捷運 睫毛 姊姊 解開 借	切 茄子 竊	蠍子 鞋子 寫 謝 蟹							
一ㄞ	崖																					
一ㄠ	腰 搖 咬 藥	飆車 錶 表哥	飄 瓢 票	喵 瞄 秒 廟		雕刻 叼 掉 吊 釣魚	挑 條 跳	鳥 尿	聊				焦 澆水 嚼 腳 叫	敲 橋 巧 俏	削 小 笑							

韻母	字詞 \ 聲母	ㄅ	ㄆ	ㄇ	ㄈ	ㄉ	ㄊ	ㄋ	ㄌ	ㄍ	ㄎ	ㄏ	ㄐ	ㄑ	ㄒ	ㄓ	ㄔ	ㄕ	ㄖ	ㄗ	ㄘ	ㄙ
一ㄡ	優 油 郵局 游泳 有 右					丟		妞 牛 鈕扣 扭	流 柳樹 六				鳩 九 酒 救 舅舅	丘 球 糗	羞 修理 嗅 袖子							
一ㄢ	煙 鹽 眼 曣 燕子	鞭子 蝙蝠 扁 匾額 辮子	篇 便宜 片 騙	棉 免 麵		顛倒 點 店 墊子	天 甜 田 舔	黏 年 拈 唸	連 簾子 臉 鍊子				尖 煎 肩膀 剪 撿 劍 毽子	牽 錢 前面 淺 欠	先 掀 鹹 癬 線 餡							
一ㄣ	音樂 陰暗 銀 飲 印	賓客 繽紛	拼圖 貧窮 品嚐 聘書	抿嘴				您	林 鄰居 凜 吝嗇				金 緊 近 進去	親 琴 寢室 沁涼	心 新 信							
一ㄤ	鴦 羊 癢 樣子							娘 釀	涼 量 兩 輛 亮				江 薑 槳 講話 醬	槍 牆 搶 嗆	香 箱子 想 響 象							
一ㄥ	鷹 贏 影 硬	冰淇淋 餅 病	乒乓球 瓶子 蘋果	明天 鳴 命令		叮 頂 鼎 釘	聽 停 庭院 挺	檸檬 擰 濘	零 鈴 領子 另				鯨魚 警察 井 靜 鏡子	輕 晴 請 慶祝	星 行 醒 杏仁							

韻母 \ 聲母	字詞	ㄅ	ㄆ	ㄇ	ㄈ	ㄉ	ㄊ	ㄋ	ㄌ	ㄍ	ㄎ	ㄏ	ㄐ	ㄑ	ㄒ	ㄓ	ㄔ	ㄕ	ㄖ	ㄗ	ㄘ	ㄙ
ㄨㄚ	挖 娃 瓦 襪									瓜 刮 刮風 寡 掛	誇 垮 跨	花 滑 划船 畫				抓 爪		刷 耍				
ㄨㄛ	窩 我 握					多 奪 躲 剁	脫 拖 陀螺 鴕鳥 橢圓 唾液	挪 糯米	蘿蔔 騾子 裸 駱駝	鍋子 國旗 果 過	擴	活 火 貨 獲得				捉 桌子 啄 濁	戳 啜泣	說 爍	弱	昨 左 坐	搓 矬 錯 剉	縮 鎖
ㄨㄞ	歪 外面									乖 拐 怪	快 筷子	踝 懷錶 壞				拽	揣摩 踹	摔 甩 帥				
ㄨㄟ	威風 圍 危險 尾 餵					堆 隊	推 頹廢 腿 退			龜 鬼 跪 櫃子	虧 盔甲 葵花 傀儡 潰	灰 揮手 回 毀壞 悔 彗星				追 錐子 墜	吹 槌 鎚子	水 睡	蕊 銳利	嘴 醉	催 璀璨 脆 翠綠	雖然 隨便 髓 碎
ㄨㄢ	彎 玩 碗 萬					端 短 斷 緞帶	湍急 團	暖	亂	關 管 冠 灌	寬 款	歡 環 還 緩慢 換				磚 轉 賺	穿 船 喘 串	栓 涮	軟	躦 鑽石	竄	酸 蒜 算

韻母 \ 字詞 \ 聲母	字詞	ㄅ	ㄆ	ㄇ	ㄈ	ㄉ	ㄊ	ㄋ	ㄌ	ㄍ	ㄎ	ㄏ	ㄐ	ㄑ	ㄒ	ㄓ	ㄔ	ㄕ	ㄖ	ㄗ	ㄘ	ㄙ
ㄨㄣ	溫 聞 吻 問					蹲 盾 鈍	吞 臀		輪子	滾 棍子	昆蟲 捆 困	昏 餛飩 混合				準時	春 唇 蠢	瞬間	潤滑	鱒魚 遵守	村 存 吋	孫子 筍子
ㄨㄤ	汪 王 網 忘									光 廣 逛	框 狂風 礦石	慌張 黃 謊				裝修 撞 壯大	窗 床 闖 創作	雙 爽				
ㄨㄥ	嗡 甕					東西 冬天 懂 動 洞	通 同 桶子 痛	農夫 濃稠 弄	籠子 龍 攏	弓 公車 拱門 共	空 恐怖 控制	轟 紅魚 紅 洪水 鬨				鐘 踵 重	衝 沖 蟲 寵		容貌 榕樹	蹤跡 鬃毛 總統 粽子	蔥 匆匆 聰明 叢	松 聳肩 送
ㄩㄝ	約 月							虐待	掠				噘 決定	缺 瘸子 雀	靴子 學 雪							
ㄩㄢ	冤 圓 遠 院子												捐 捲 券	圈 拳 犬 券 勸告	喧鬧 旋轉 懸 選 炫 眩暈							
ㄩㄣ	暈 雲 運 熨斗												軍人 俊	群 裙子	燻 勳章 尋 迅速							
ㄩㄥ	勇 用												窘	窮	胸 兇 熊							

附件十 問答篇

一、使用助聽器和人工電子耳的個案，聽覺技巧訓練的方式是否不同？

不論使用何種輔具，聽覺技巧訓練的最終目的是幫助聽損者發展出四個層次的聽覺技巧，使其具有運用聽覺訊息以認知語音及解釋聽覺經驗的能力。因此訓練的方式並沒有不同，只是在聽覺技巧訓練的過程中，會因個案現況及使用助聽輔具的不同，課程目標略有調整。現舉例說明如下：

（一）人工電子耳手術前沒有太多聽覺經驗，也沒有語言發展的幼兒或兒童，其手術後聽覺技巧訓練的方式與使用助聽器的幼兒或兒童是一樣的。唯一不同的是助聽器和人工電子耳在聲音處理上各有其限制，進而影響聽取的表現。助聽器對四聲調的辨識有利，而人工電子耳對高頻聲母的辨識較佳，因此訓練目標的擬定會有順序上的不同。

（二）人工電子耳手術前已有聽覺經驗和語言發展的兒童或成人，其手術後初期，手術耳對聲音只有察覺，而手術前能分辨、辨識、理解的語音，暫時都歸零。對這類個案，聽覺技巧的發展可分為三個階段，訓練目標也自然不同：

1. 聽覺系統轉換階段：手術後有短暫的時間，個案無法經由新的系統辨識手術前已認知的聲音，當然也無法理解手術前已習得的語言。所幸大腦的學習能力很強，在短時間內便能適應新系統，與既有的語音記憶做連結。此階段聽覺技巧訓練是以恢復手術前已具有的聽覺能力為目標。
2. 聽覺經驗擴增階段：有些個案手術前雖有語言的發展，但受限於助聽器和聽力損失的條件，有些語音、語音中的特質、環境中的聲音等訊息是無法察覺、分辨、辨識、理解的，此階段聽覺技巧訓練是增加這些聲音的聽取經驗，以發展各層次的技巧為目標。
3. 溝通能力提升階段：經過前兩個階段的訓練，聽覺技巧已發展出相當的能力，此階段的訓練便是幫助個案在不同的情境下，提升語言及溝通能力為目標。

雖然人工電子耳手術後，聽覺技巧訓練有階段性目標，但並非每個個案都要完成三階段訓練。有些個案在第一階段達到目標時，便完成了聽覺技巧訓練的課程；有些個案則需要完成三階段的課程。至於何時結束課程則依個案（成人）主觀感覺和評估結果而定。

二、兒童和成人聽覺技巧訓練的方式是否不同？本課程是否適用成人？

三歲以上兒童至成人，聽覺技巧的評估與訓練基本原則是相似的。本書的活動範例是以學前兒童的認知語言能力來設計的，若用於年齡較大的學生或成人，只要修改材料即可適用，例如：將兒歌改成受訓者喜歡的音樂或歌曲；將圖卡改成文字等。三歲以下的幼兒雖不適合採用本課程的方式，但仍可用本課程的架構來檢核或觀察幼兒聽覺技巧的發展，有助於學習目標的擬定。

三、每位學生的語言能力不同，如何準備一體通用的測驗工具？

本書聽覺技巧能力測驗的架構是從超語段、語段、記憶長度到聽理解，以循序漸進的方式幫助施測者，找出學生聽覺技巧訓練的起始點。此能力測驗的重點只是評估學生是否具備四層次的聽覺技巧，並不是評估學生的語言能力和語法能力，所以採用最基本的詞彙和句型當施測材料是較佳的方式。若是學生原本具備的詞彙和句型有限，則從學生已發展出來的詞彙和句型當施測材料。例如：在測驗七中有兩組題目，共有六個問句，可選擇用六個基本問句型態來施測。

四、五音測驗和六音測驗有何不同？

六音測驗是 Daniel Ling 博士以聲學的觀點，從英語中選取六個涵蓋語音頻率範圍的低頻率、中頻率和高頻率的音素——/m/ /u/ /a/ /i/ /ʃ/ /s/，來測試聽損學生對各頻率語音的察覺反應。這是一個快速有效的方法，讓訓練者掌握聽損學生當下的聽覺表現。本書所採用的五音測驗，是依據李昭幸（1995）「國音中子音和母音最適當的頻率帶」的研究，將國音五個中心頻率，各取一音為代表，其測驗的功能和六音測驗是一樣的。

五、聽損兒童因爲聽力損失嚴重，沒有聽過兒歌，如何進行測驗三？

押韻短句和童謠兒歌有豐富的超語段變化，測驗三施測的目的是觀察學生能否從超語段的特質中辨識出聽覺訊息。學生如果沒有聽過兒歌，可以在施測前給予聽取的經驗，因為不是測驗其對兒歌的理解，所以練習幾次後便可施測。

附件十一　聽覺技巧評估表格示範版

財團法人中華民國婦聯聽障文教基金會
聽覺技巧訓練課程評估記錄（範本）

一、基本資料

＊受測者：＿＿＿＿＿＿＿＿＿＿＿＿＿＿＿＿ ＊出生日期：＿＿＿年＿＿＿月＿＿＿日
＊施測者：＿＿＿＿＿＿＿＿＿＿＿＿＿＿＿＿ ＊測驗日期：＿＿＿年＿＿＿月＿＿＿日
＊助聽輔具：□HA □CI □CI ＋ HA

二、能力測驗

測驗 1 察覺語音

測驗題目	測驗結果
ㄚ	■ 能夠察覺ㄚ ☞☞☞ 請進行測驗 2 □ 無法察覺ㄚ ☞☞☞ 請進行語音察覺章訓練 1

測驗 2 察覺五音

測驗題目	測驗結果
ㄋ、ㄨ、ㄦ、ㄚ、ㄙ	（見下表）

	ㄋ	ㄨ	ㄦ	ㄚ	ㄙ
30 公分	ˇ	ˇ	ˇ	ˇ	—

□ 能夠察覺五音 ☞☞☞ 請進行測驗 3
■ 只有ㄙ無法察覺 ☞☞☞ 請進行測驗 3，並進行語音察覺訓練 2，加強高頻組聲母與韻母的聽取訓練
□ 無法通過測驗 ☞☞☞請進行語音察覺章訓練 2

測驗 3 辨識有押韻、疊字的句子、童謠或兒歌

測驗題目	個案行為反應			測驗結果	
	指認	動作	仿說	正確	不正確
1. 烏龜爬爬爬	ˇ			ˇ	
2. 拔蘿蔔		ˇ		ˇ	
3. 小星星		ˇ		ˇ	
4. 袋鼠跳跳跳			ˇ	ˇ	
5. 荷花開	ˇ				ˇ

□ 全數答對 ☞☞☞ 請進行測驗 4
■ 未全數答對 ☞☞☞ 請進行段落理解單元訓練 1

財團法人中華民國婦聯聽障文教基金會
聽覺技巧訓練課程評估記錄（範本）

測驗 4 辨識熟悉的句子

＊選擇日常用語 6 題測試，其中有 4 個題目將被測試 2 次。

測驗題目	個案行為反應				測驗結果	
	指認	回答	操作	仿說	正確	不正確
1. 蘋果給我。			v		v	
2. 你要什麼？	v				v	
3. 你幾歲了？		v			v	
4. 你住哪裡？		v			v	
5. 蘋果給我。				v	v	
6. 這是誰的？	v				v	
7. 球放上面。	v				v	
8. 你住哪裡？		v			v	
9. 你要什麼？		v			v	
10. 球放上面。		v			v	

■ 全數答對 ☞☞☞ 請進行測驗 5

□ 未全數答對 ☞☞☞ 請進行句子理解單元訓練 1 及段落理解單元訓練 2

測驗 5 辨識不同字數的詞彙

測驗題目	個案行為反應									測驗結果		
	筆	魚	花	蘋果	鬧鐘	獅子	冰淇淋	電視機	長頸鹿	正確	指到另一個同字數詞	指到另一個不同字數詞
筆	v									v		
魚	v										v	
花			v							v		
蘋果				v						v		
鬧鐘					v					v		
獅子						v				v		
冰淇淋								v			v	
電視機								v		v		
長頸鹿									v	v		

□ 全數答對 ☞☞☞ 請進行測驗 6

■ 未全數答對 ☞☞☞ 建議 1：請進行字詞理解單元訓練 2

建議 2：請進行字詞理解單元訓練 1

若有勾選此欄，請參閱建議 1　　若有勾選此欄，請參閱建議 2

財團法人中華民國婦聯聽障文教基金會
聽覺技巧訓練課程評估記錄（範本）

測驗 6 回想訊息中的關鍵詞

＊每一項記憶長度需測驗 2 題，都答對才可往下一個記憶長度的題目進行評估。

測驗題目		個案行為反應				測驗結果			
		指認	操作	仿說	回答	正確	順序上錯誤	長度上錯誤	完全錯誤
兩項記憶	1. 給我豬和筆		v			v			
	2. 碗是豬的		v			v			
三項記憶	1. 給我床、豬和筆		v			v			
	2. 把豬放在橋的下面		v			v			
四項記憶	1. 豬在魚和鳥的中間		v				v		
	2. 橋的上面有豬和蛇		v					v	

□ 通過四項記憶順序測驗 ☞☞☞ 請進行測驗 7，以及測驗 9
□ 未通過兩項記憶順序測驗 ☞☞☞ 請進行句子理解單元訓練 2，以及測驗 9
□ 未通過三項記憶順序測驗 ☞☞☞ 請進行句子理解單元訓練 3，以及測驗 9
■ 未通過四項記憶順序測驗 ☞☞☞ 請進行句子理解單元訓練 4，以及測驗 9

測驗 7 針對句子回答問題

測驗題目	測驗問題	首測（開放式聽取）		複測（發問時提供視覺線索）	
		正確	不正確	正確	不正確
第一組：弟弟生病了，所以不能去上學。	1.誰生病了？	v			
	2.弟弟有沒有去上學？	v			
	3.弟弟為什麼不能去上學？	v			
第二組：放學的時候，小美在校門口看到一隻黑色的流浪狗。	1.小美什麼時候看到流浪狗？	v			
	2.小美在哪裡看到流浪狗？		v	v	
	3.流浪狗是什麼顏色？		v	v	

□ 首測即正確回答 2 組測驗的問題 ☞☞☞ 請進行測驗 8，以及測驗 9
■ 通過複測 ☞☞☞ 請進行句子理解單元訓練 4、訓練 5 和訓練 8，以及測驗 9
□ 若複測後仍無法通過 ☞☞☞ 請進行句子理解單元訓練 4 及訓練 5，以及測驗 9

財團法人中華民國婦聯聽障文教基金會
聽覺技巧訓練課程評估記錄（範本）

測驗 8-1　告知主題並且在有視覺線索的提示下，以正確的順序說出與主題相關之細節

＊記錄個案描述的內容（個案描述的內容可直接記錄在測驗內容中，範例中畫底線處為模擬個案描述的內容）。

測驗題目	測驗結果
主題〈好心的小豬〉 「小熊剛買了一籃蘋果，掛在腳踏車後面，然後開心地一邊唱歌，一邊騎車回家；但是他沒有發現蘋果已經掉了一地。這時候，小豬看到了，趕緊叫小熊停車，並且幫他撿蘋果，小熊非常感謝小豬的好心。」	■ 通過：能正確且有順序地重述故事（可以容許學生漏字或更改相似詞彙，但不能影響故事內容及順序）
	□ 未通過：能重述故事並說出多數的細節
	□ 未通過：能記憶細節，但順序不大正確
	□ 未通過：重述故事細節有困難

■ 通過故事重述 ☞☞☞ 請進行測驗 8-2，以及測驗 9
□ 未通過故事重述（重述故事並說出多數的細節）☞☞☞ 請進行段落理解單元訓練 9，以及測驗 9
□ 未通過故事重述（能記憶細節，但順序不大正確）☞☞☞ 請進行段落理解單元訓練 8，以及測驗 9
□ 未通過故事重述（重述故事細節有困難）☞☞☞ 請進行段落理解單元訓練 6 和 7，以及測驗 9

測驗 8-2　不告知主題並且在沒有視覺線索的提示下，以正確的順序說出與主題相關之細節

＊測驗時不告知主題，且全程用「聽」的方式，不能併用視覺線索。
＊記錄個案描述的內容（個案描述的內容可直接記錄在測驗內容中，範例中畫底線處為模擬個案描述的內容）。

測驗題目	測驗結果
主題〈動物園〉 「兒童節的時候，爸爸和媽媽帶小華去動物園，他們起得很早；吃過早餐、整理好東西後爸爸便開車出發了。小華在動物園裡看到許多動物，有河馬、企鵝、獅子、無尾熊…，小華 開心極了。」	□ 通過：能正確且有順序地重述故事（可以容許學生漏字或更改相似詞彙，但不能影響故事內容及順序）
	■ 未通過：重述故事細節有困難

□ 通過故事重述 ☞☞☞ 1. 請進行測驗 9
2. 請同時進行段落理解單元訓練 12，可以使用更多較複雜的故事來練習。並進行聽錄音、聽電話、噪音中的訊息聽取訓練
■ 未通過故事重述 ☞☞☞ 請進行段落理解單元訓練 12，以及測驗 9

財團法人中華民國婦聯聽障文教基金會
聽覺技巧訓練課程評估記錄（範本）

測驗 9-1 辨識聲調（相同聲母與韻母，但不同聲調的詞彙）

測驗題目	個案行為反應				測驗結果	
	媽	痲	馬	罵	正確	不正確
媽	ˇ				ˇ	
痲		ˇ			ˇ	
馬		ˇ				ˇ
罵				ˇ	ˇ	

□ 正確通過上項 4 組
■ 未全數答對 ☞☞☞ 請進行字詞理解單元訓練 3
＊二、三聲的辨識訓練對重度以上聽損或使用人工電子耳兒童，也許要花較多的時間訓練，老師可將此訓練與音素訓練同時進行

測驗 9-2 辨識相同聲調，但不同聲母與韻母的詞彙

一聲調 □不通過 ■通過						
題目	個案行為反應（指認／手勢／仿說）				正確	不正確
	飛機	青蛙	香蕉	花圈		
飛機	ˇ				ˇ	
青蛙		ˇ			ˇ	
香蕉			ˇ		ˇ	
花圈				ˇ	ˇ	

二聲調 ■不通過 □通過						
題目	個案行為反應（指認／手勢／仿說）				正確	不正確
	眉毛	蝴蝶	葡萄	枇杷		
眉毛	ˇ				ˇ	
蝴蝶		ˇ			ˇ	
葡萄	ˇ					ˇ
枇杷			ˇ			ˇ

三聲調 ■不通過 □通過						
題目	個案行為反應（指認／手勢／仿說）				正確	不正確
	老鼠	小鳥	雨傘	手錶		
老鼠	ˇ				ˇ	
小鳥		ˇ			ˇ	
雨傘			ˇ		ˇ	
手錶			ˇ			ˇ

四聲調 □不通過 ■通過						
題目	個案行為反應（指認／手勢／仿說）				正確	不正確
	大象	月亮	睡覺	電話		
大象	ˇ				ˇ	
月亮		ˇ			ˇ	
睡覺			ˇ		ˇ	
電話				ˇ	ˇ	

□ 正確通過上項 4 組
■ 未全數答對 ☞☞☞ 請進行字詞理解單元訓練 4

聽覺技巧訓練課程評估記錄（範本）

測驗 9-3 辨識韻母（相同聲母與聲調，但不同韻母的單字詞）

＊每一組別內的一分組各選擇 2 題題目測驗，總計 20 題。每個組別提供一組測驗題目範例，其餘空白處請自編題目。

組別		測驗題目	測驗結果									
			第 1 次測驗			第 2 次測驗			第 3 次測驗			通過
			測驗材料	正確	不正確	測驗材料	正確	不正確	測驗材料	正確	不正確	
最大差異組	1vs.4	1. 肚／弟	肚	v		弟	v		肚	v		v
		2.										
組間組	1vs.3	3. 倒／大	大	v		大	v		倒	v		v
		4.										
	2vs.4	5.										
		6.										
鄰組	1vs.2	7. 線／蟹	線	v		蟹		v	蟹	v		×
		8.										
	2vs.3	9.										
		10.										
	3vs.4	11.										
		12.										
組內組	1vs.1	13.翻／飛	飛	v		飛	v		翻		v	×
		14.										
	2vs.2	15.										
		16.										
	3vs.3	17.										
		18.										
	4vs.4	19.										
		20.										

□ 正確率達 80%以上（即答對 16 題以上，含 16 題）

□ 正確率未達 80%（即答對 15 題以下，含 15 題）☞☞☞ 請進行字詞理解單元訓練 5

財團法人中華民國婦聯聽障文教基金會
聽覺技巧訓練課程評估記錄（範本）

測驗 9-4　辨識聲母（相同韻母與聲調，但不同聲母的單字詞）

＊每一組別內的每一分組各選擇 2 題題目測驗，總計 30 題。每個組別提供一組測驗題目範例，其餘空白處請自編題目。

組別		測驗題目	測驗結果									
			第 1 次測驗			第 2 次測驗			第 3 次測驗			通過
			測驗材料	正確	不正確	測驗材料	正確	不正確	測驗材料	正確	不正確	
最大差異組	1vs.5	1. 鹿／樹	鹿	v		樹	v		鹿	v		v
		2.										
組間相隔兩組	1vs.4	3. 牛／球	球	v		球	v		牛	v		v
		4.										
	2vs.5	5.										
		6.										
組間相隔一組	1vs.3	7.										
		8.										
	2vs.4	9.										
		10.										
	3vs.5	11. 跳／笑	跳	v		跳	v		笑	v		v
		12.										
鄰組	1vs.2	13.										
		14.										
	2vs.3	15.										
		16.										
	3vs.4	17. 風／燈	風		v	燈	v		風		v	×
		18.										
	4vs.5	19.										
		20.										
組內組	1vs.1	21.										
		22.										
	2vs.2	23.										
		24.										
	3vs.3	25.										
		26.										
	4vs.4	27.										
		28.										
	5vs.5	29. 三／山	山	v		山		v	三		v	×
		30.										

☐ 正確率達 80%以上（即答對 24 題以上，含 24 題）
☐ 正確率未達 80%（即答對 23 題以下，含 23 題）☞☞☞ 請進行字詞理解單元訓練 5

附件十二　聽覺技巧評估表格空白版

財團法人中華民國婦聯聽障文教基金會
聽覺技巧訓練課程評估記錄

一、基本資料

＊受測者：＿＿＿＿＿＿＿＿＿＿＿＿＿＿ ＊出生日期：＿＿＿年＿＿＿月＿＿＿日
＊施測者：＿＿＿＿＿＿＿＿＿＿＿＿＿＿ ＊測驗日期：＿＿＿年＿＿＿月＿＿＿日
＊助聽輔具：□HA □CI □CI ＋ HA

二、能力測驗

測驗 1　察覺語音

測驗題目	測驗結果
ㄚ	□ 能夠察覺ㄚ ☞☞☞ 請進行測驗 2 □ 無法察覺ㄚ ☞☞☞ 請進行語音察覺章訓練 1

測驗 2　察覺五音

測驗題目	測驗結果
ㄋ、ㄨ、ㄦ、ㄚ、ㄙ	（見下表） □ 能夠察覺五音 ☞☞☞ 請進行測驗 3 □ 只有ㄙ無法察覺 ☞☞☞ 請進行測驗 3，並進行語音察覺訓練 2，加強高頻組聲母與韻母的聽取訓練 □ 無法通過測驗 ☞☞☞ 請進行語音察覺章訓練 2

	ㄋ	ㄨ	ㄦ	ㄚ	ㄙ
30 公分					

測驗 3　辨識有押韻、疊字的句子、童謠或兒歌

測驗題目	個案行為反應			測驗結果	
	指認	動作	仿說	正確	不正確
1.					
2.					
3.					
4.					
5.					

□ 全數答對 ☞☞☞ 請進行測驗 4
□ 未全數答對 ☞☞☞ 請進行段落理解單元訓練 1

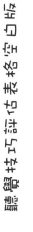

測驗 4 辨識熟悉的句子

＊選擇日常用語 6 題測試，其中有 4 個題目將被測試 2 次。

測驗題目	個案行為反應				測驗結果	
	指認	回答	操作	仿說	正確	不正確
1.						
2.						
3.						
4.						
5.						
6.						
7.						
8.						
9.						
10.						

☐ 全數答對 ☞☞☞ 請進行測驗 5
☐ 未全數答對 ☞☞☞ 請進行句子理解單元訓練 1 及段落理解單元訓練 2

財團法人中華民國婦聯聽障文教基金會
聽覺技巧訓練課程評估記錄

測驗 5 辨識不同字數的詞彙

測驗題目	個案行為反應									測驗結果		
										正確	指到另一個同字數詞	指到另一個不同字數詞
□ 全數答對 ☞☞☞ 請進行測驗 6，以及測驗 9 □ 未全數答對 ☞☞☞ 建議 1：請進行字詞理解單元訓練 2 建議 2：請進行字詞理解單元訓練 1											若有勾選此欄，請參閱建議 1	若有勾選此欄，請參閱建議 2

測驗 6 回想訊息中的關鍵詞

＊每一項記憶長度需測驗 2 題，都答對才可往下一個記憶長度的題目進行評估。

測驗題目		個案行為反應				測驗結果			
		指認	操作	仿說	回答	正確	順序上錯誤	長度上錯誤	完全錯誤
兩項記憶	1.								
	2.								
三項記憶	1.								
	2.								
四項記憶	1.								
	2.								

☐ 通過四項記憶順序測驗 ☞☞☞ 請進行測驗 7，以及測驗 9
☐ 未通過兩項記憶順序測驗 ☞☞☞ 請進行句子理解單元訓練 2，以及測驗 9
☐ 未通過三項記憶順序測驗 ☞☞☞ 請進行句子理解單元訓練 3，以及測驗 9
☐ 未通過四項記憶順序測驗 ☞☞☞ 請進行句子理解單元訓練 4，以及測驗 9

財團法人中華民國婦聯聽障文教基金會
聽覺技巧訓練課程評估記錄

測驗 7 針對句子回答問題

測驗題目	測驗問題	首測（開放式聽取）		複測（發問時提供視覺線索）	
		正確	不正確	正確	不正確
	1.				
	2.				
	3.				
	1.				
	2.				
	3.				

□ 首測即正確回答 2 組測驗的問題 ☞☞☞ 請進行測驗 8，以及測驗 9
□ 通過複測 ☞☞☞ 請進行句子理解單元訓練 4、訓練 5 和訓練 8，以及測驗 9
□ 若複測後仍無法通過 ☞☞☞ 請進行句子理解單元訓練 4 及訓練 5，以及測驗 9

財團法人中華民國婦聯聽障文教基金會
聽覺技巧訓練課程評估記錄

測驗 8-1 告知主題並且在有視覺線索的提示下，以正確的順序說出與主題相關之細節

＊記錄個案描述的內容（個案描述的內容可直接記錄在測驗內容中，範例中畫底線處為模擬個案描述的內容）。

測驗題目	測驗結果
	□ 通過：能正確且有順序地重述故事（可以容許學生漏字或更改相似詞彙，但不能影響故事內容及順序）
	□ 未通過：能重述故事並說出多數的細節
	□ 未通過：能記憶細節，但順序不大正確
	□ 未通過：重述故事細節有困難

□ 通過故事重述 ☞☞☞ 請進行測驗 8-2，以及測驗 9
□ 未通過故事重述（重述故事並說出多數的細節）☞☞☞ 請進行段落理解單元訓練 9，以及測驗 9
□ 未通過故事重述（能記憶細節，但順序不大正確）☞☞☞ 請進行段落理解單元訓練 8，以及測驗 9
□ 未通過故事重述（重述故事細節有困難）☞☞☞ 請進行段落理解單元訓練 6 和 7，以及測驗 9

財團法人中華民國婦聯聽障文教基金會
聽覺技巧訓練課程評估記錄

測驗 8-2 不告知主題並且在沒有視覺線索的提示下，以正確的順序說出與主題相關之細節

＊測驗時不告知主題，且全程用「聽」的方式，不能併用視覺線索。
＊記錄個案描述的內容（個案描述的內容可直接記錄在測驗內容中，範例中畫底線處為模擬個案描述的內容）。

測驗題目	測驗結果
	□ 通過：能正確且有順序地重述故事（可以容許學生漏字或更改相似詞彙，但不能影響故事內容及順序）
	□ 未通過：重述故事細節有困難
□ 通過故事重述 ☞☞☞ 1. 請進行測驗 9 2. 請同時進行段落理解單元訓練 12，可以使用更多較複雜的故事來練習。並進行聽錄音、聽電話、噪音中的訊息聽取訓練 □ 未通過故事重述 ☞☞☞ 請進行段落理解單元訓練 12，以及測驗 9	

測驗 9-1 辨識聲調（相同聲母與韻母，但不同聲調的詞彙）

測驗題目	個案行為反應				測驗結果	
					正確	不正確

☐ 正確通過上項 4 組
☐ 未全數答對 ☞☞☞ 請進行字詞理解單元訓練 3
＊二、三聲的辨識訓練對重度以上聽損或使用人工電子耳兒童，也許要花較多的時間訓練，老師可將此訓練與音素訓練同時進行

財團法人中華民國婦聯聽障文教基金會
聽覺技巧訓練課程評估記錄

測驗 9-2 辨識相同聲調，但不同聲母與韻母的詞彙

一聲調 □不通過 □通過						
題目	個案行為反應（指認／手勢／仿說）				正確	不正確

二聲調 □不通過 □通過						
題目	個案行為反應（指認／手勢／仿說）				正確	不正確

三聲調 □不通過 □通過						
題目	個案行為反應（指認／手勢／仿說）				正確	不正確

四聲調 □不通過 □通過						
題目	個案行為反應（指認／手勢／仿說）				正確	不正確

□ 正確通過上項 4 組
□ 未全數答對 ☞☞☞ 請進行字詞理解單元訓練 4

測驗 9-3 辨識韻母（相同聲母與聲調，但不同韻母的單字詞）

＊每一組別內的一分組各選擇 2 題題目測驗，總計 20 題。每個組別提供一組測驗題目範例，其餘空白處請自編題目。

組別		測驗題目	測驗結果									
			第 1 次測驗			第 2 次測驗			第 3 次測驗			通過
			測驗材料	正確	不正確	測驗材料	正確	不正確	測驗材料	正確	不正確	
最大差異組	1vs.4	1.										
		2.										
組間組	1vs.3	3.										
		4.										
	2vs.4	5.										
		6.										
鄰組	1vs.2	7.										
		8.										
	2vs.3	9.										
		10.										
	3vs.4	11.										
		12.										
組內組	1vs.1	13.										
		14.										
	2vs.2	15.										
		16.										
	3vs.3	17.										
		18.										
	4vs.4	19.										
		20.										

□ 正確率達 80%以上（即答對 16 題以上，含 16 題）
□ 正確率未達 80%（即答對 15 題以下，含 15 題）☞☞☞ 請進行字詞理解單元訓練 5

財團法人中華民國婦聯聽障文教基金會
聽覺技巧訓練課程評估記錄

測驗 9-4 辨識聲母（相同韻母與聲調，但不同聲母的單字詞）

＊每一組別內的每一分組各選擇 2 題題目測驗，總計 30 題。每個組別提供一組測驗題目範例，其餘空白處請自編題目。

組別		測驗題目	測驗結果									
			第 1 次測驗			第 2 次測驗			第 3 次測驗			通過
			測驗材料	正確	不正確	測驗材料	正確	不正確	測驗材料	正確	不正確	
最大差異組	1vs.5	1.										
		2.										
組間相隔兩組	1vs.4	3.										
		4.										
	2vs.5	5.										
		6.										
組間相隔一組	1vs.3	7.										
		8.										
	2vs.4	9.										
		10.										
	3vs.5	11.										
		12.										
鄰組	1vs.2	13.										
		14.										
	2vs.3	15.										
		16.										
	3vs.4	17.										
		18.										
	4vs.5	19.										
		20.										
組內組	1vs.1	21.										
		22.										
	2vs.2	23.										
		24.										
	3vs.3	25.										
		26.										
	4vs.4	27.										
		28.										
	5vs.5	29.										
		30.										

□ 正確率達 80%以上（即答對 24 題以上，含 24 題）

□ 正確率未達 80%（即答對 23 題以下，含 23 題）☞☞☞ 請進行字詞理解單元訓練 5

國家圖書館出版品預行編目（CIP）資料

聽損兒童聽覺技巧訓練課程 / 管美玲編著. -- 二版. --
臺北市：心理, 2012.02
面；　公分. --（溝通障礙系列；65024）
ISBN 978-986-191-487-9（平裝）

1.聽障教育　2.聽障學生

529.5　101000949

溝通障礙系列 65024

聽損兒童聽覺技巧訓練課程【第二版】

編 著 者：管美玲
執行編輯：陳文玲
總 編 輯：林敬堯
發 行 人：洪有義
出 版 者：心理出版社股份有限公司
地　　址：231 新北市新店區光明街 288 號 7 樓
電　　話：(02) 29150566
傳　　真：(02) 29152928
郵撥帳號：19293172　心理出版社股份有限公司
網　　址：http://www.psy.com.tw
電子信箱：psychoco@ms15.hinet.net
駐美代表：Lisa Wu（lisawu99@optonline.net）
排 版 者：辰皓國際出版製作有限公司
印 刷 者：辰皓國際出版製作有限公司
初版一刷：2007 年 7 月
二版一刷：2012 年 2 月
二版五刷：2020 年 8 月
I S B N：978-986-191-487-9
定　　價：新台幣 300 元

能力測驗 3-1

能力測驗 3-2

能力測驗 3-3

能力測驗 3-4

能力測驗 3-5

能力測驗 3-6

能力測驗 3-7

能力測驗 3-8

能力測驗 3-9

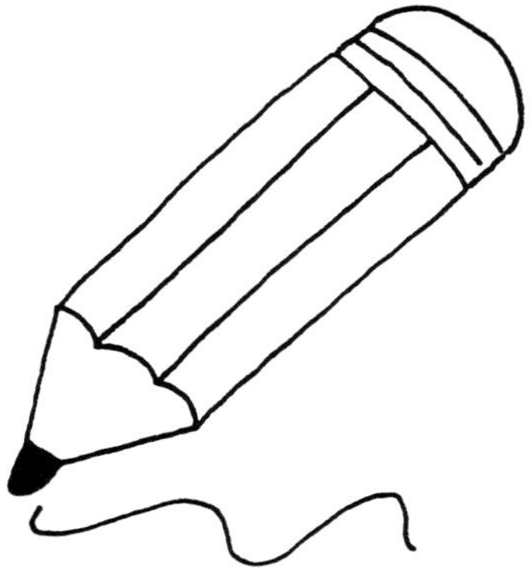

能力測驗 5-1

能力測驗 5-2

能力測驗 5-3

能力測驗 5-4

能力測驗 5-5

能力測驗 5-6

能力測驗 5-7

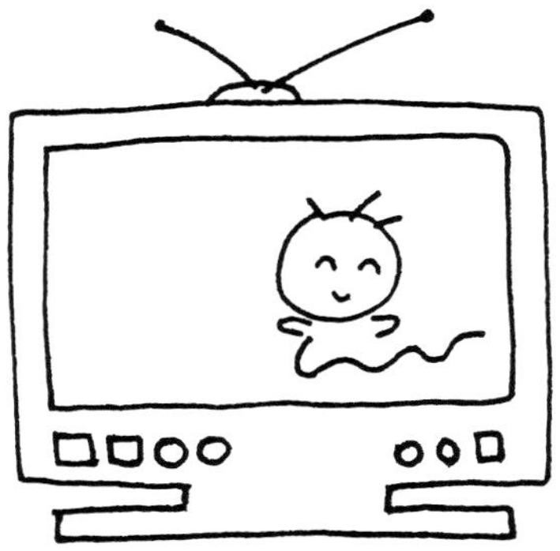
能力測驗 5-8

能力測驗 5-9

能力測驗 7-1

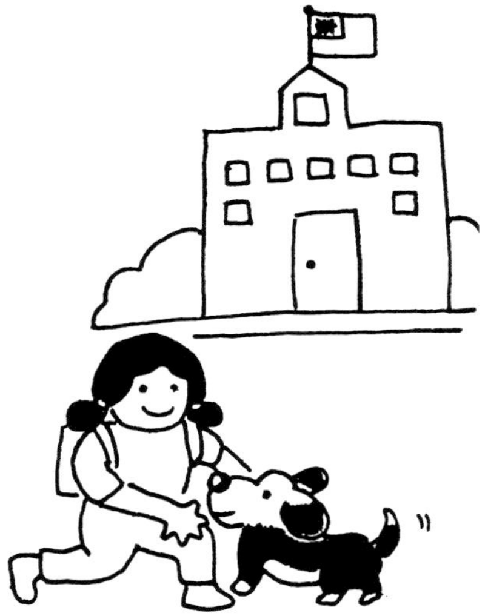
能力測驗 7-2

能力測驗 8-1-1

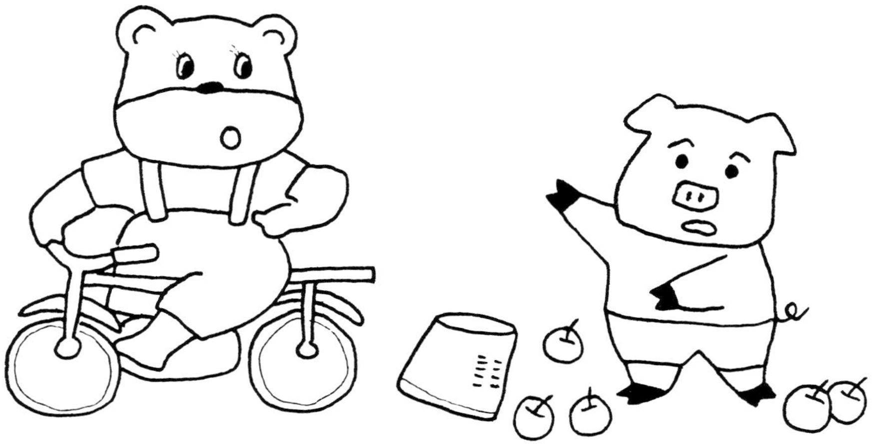
能力測驗 8-1-2

能力測驗 8-1-3

能力測驗 8-1-4

能力測驗 9-1-1

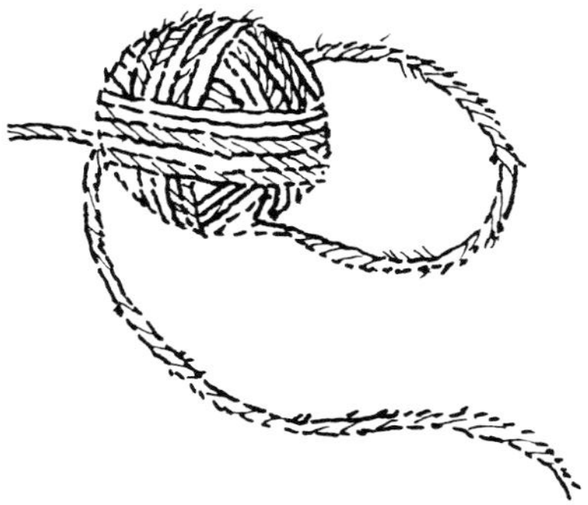

能力測驗 9-1-2

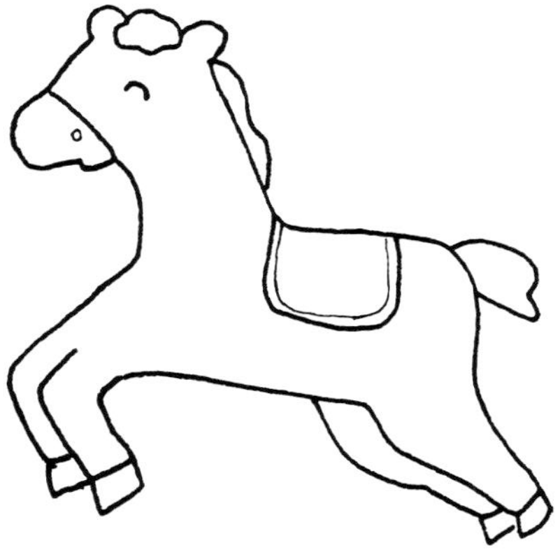

能力測驗 9-1-3

能力測驗 9-1-4

能力測驗 9-2-1

能力測驗 9-2-2

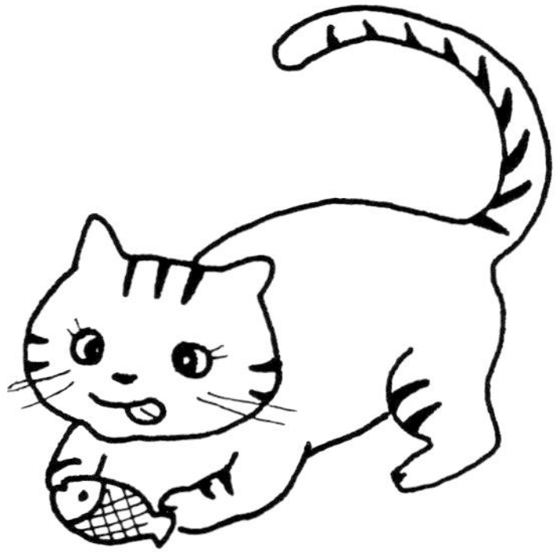

能力測驗 9-2-3

能力測驗 9-2-4

能力測驗 9-2-5

能力測驗 9-2-6

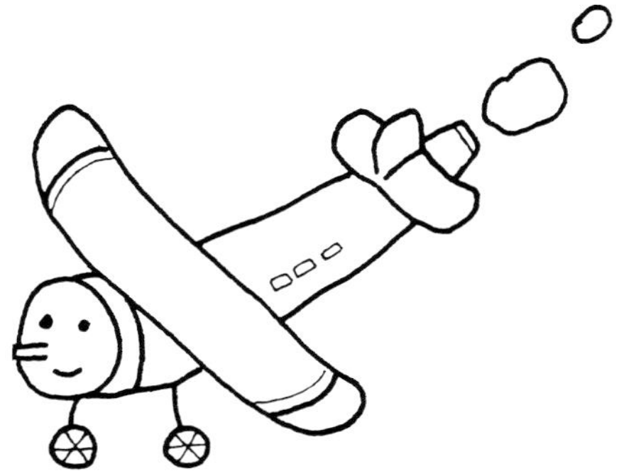

能力測驗 9-2-7

能力測驗 9-2-8

能力測驗 9-2-9

能力測驗 9-2-10

能力測驗 9-2-11

能力測驗 9-2-12

能力測驗 9-2-13

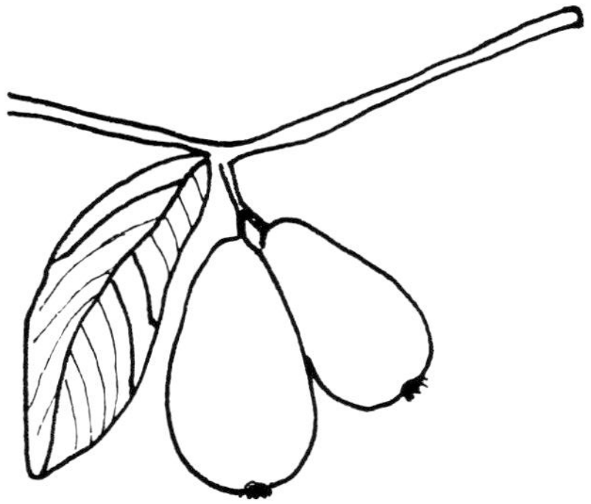

能力測驗 9-2-14

能力測驗 9-2-15

能力測驗 9-2-16

能力測驗 9-2-17

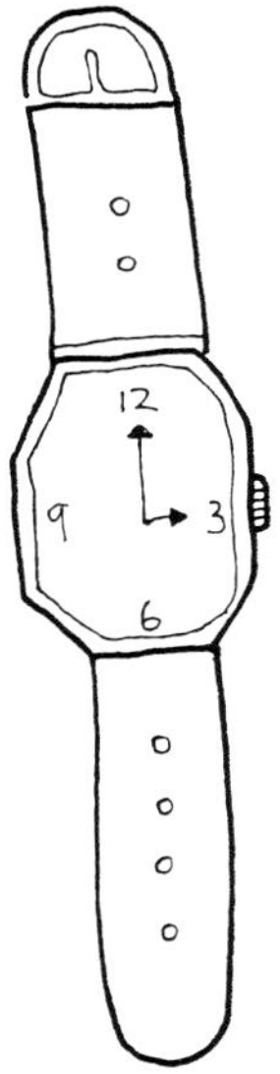

能力測驗 9-2-18

能力測驗 9-2-19

能力測驗 9-2-20

能力測驗 9-2-21

能力測驗 9-2-22

能力測驗 9-3-1

能力測驗 9-3-2

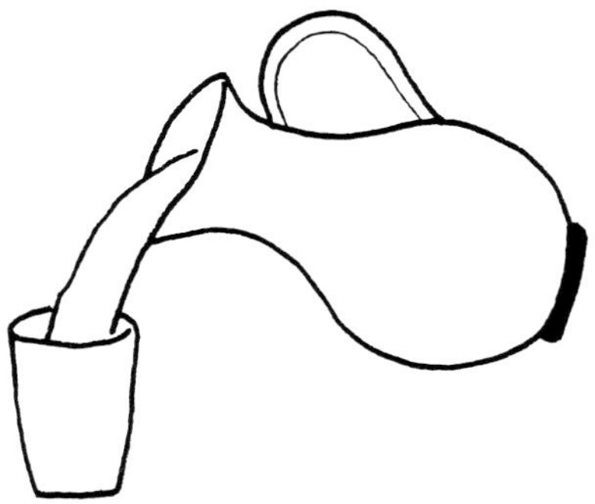
能力測驗 9-3-3

能力測驗 9-3-4

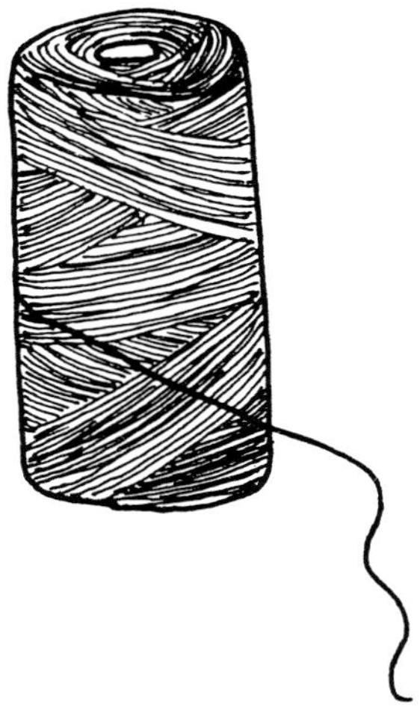
能力測驗 9-3-5

能力測驗 9-3-6

能力測驗 9-3-7

能力測驗 9-3-8

能力測驗 9-4-1

能力測驗 9-4-2

能力測驗 9-4-3

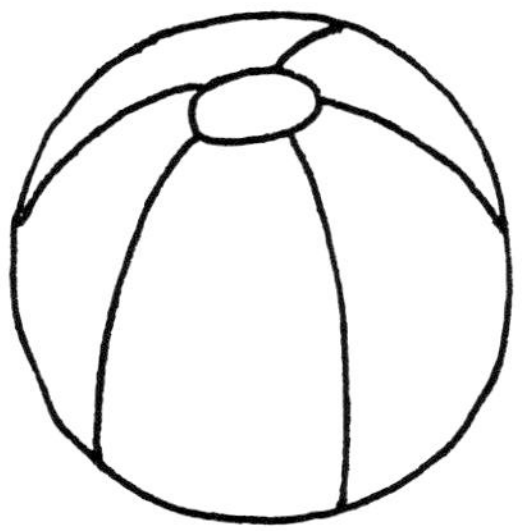

能力測驗 9-4-4

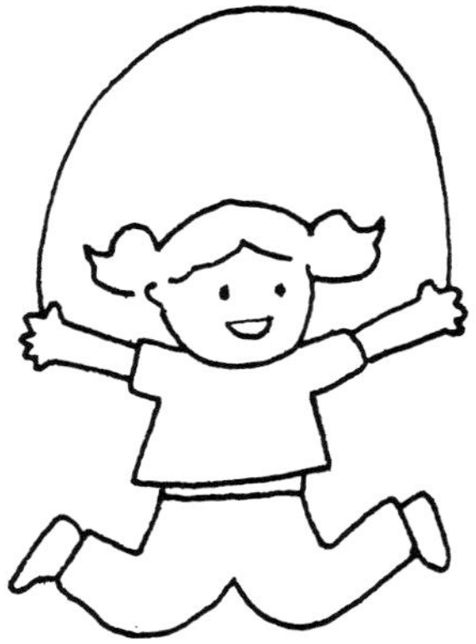

能力測驗 9-4-5

能力測驗 9-4-6

能力測驗 9-4-7

能力測驗 9-4-8

能力測驗 9-4-9

能力測驗 9-4-10

3

能力測驗 9-4-11

能力測驗 9-4-12

段落理解單元 1-1

段落理解單元 1-2

段落理解單元 1-3

段落理解單元 1-4

段落理解單元 3-1-1

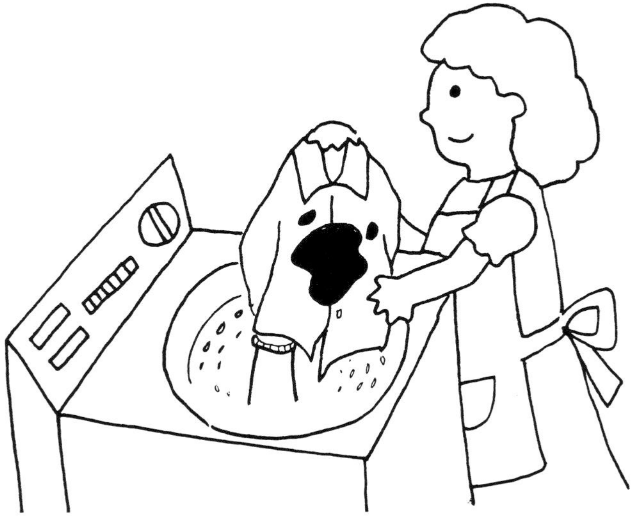

段落理解單元 3-1-2

段落理解單元 3-1-3

段落理解單元 3-1-4

段落理解單元 3-3-1

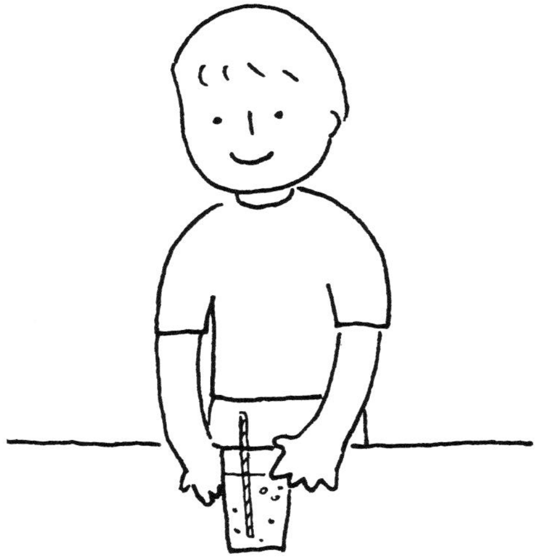

段落理解單元 3-3-2

段落理解單元 3-3-3

段落理解單元 4-1

段落理解單元 4-2

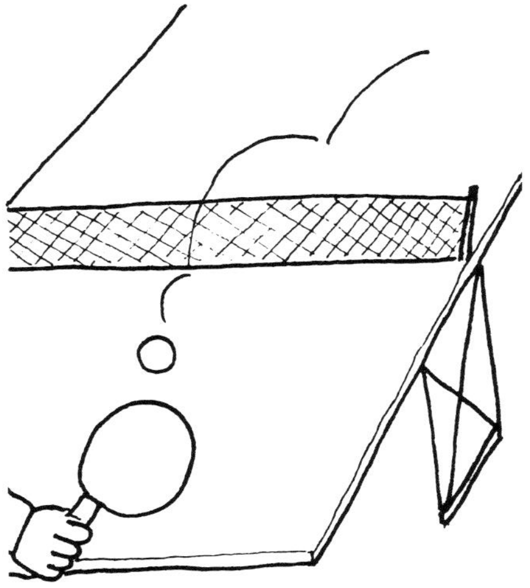

段落理解單元 4-3

段落理解單元 4-4

段落理解單元 4-5

段落理解單元 5-1

段落理解單元 5-2

段落理解單元 6-1

段落理解單元 6-2

段落理解單元 6-3

段落理解單元 6-4-1

段落理解單元 6-4-2

段落理解單元 6-4-3

段落理解單元 6-4-4

段落理解單元 6-5

段落理解單元 8-1-1

段落理解單元 8-1-2

段落理解單元 8-1-3

段落理解單元 8-2-1

段落理解單元 8-2-2

段落理解單元 8-2-3

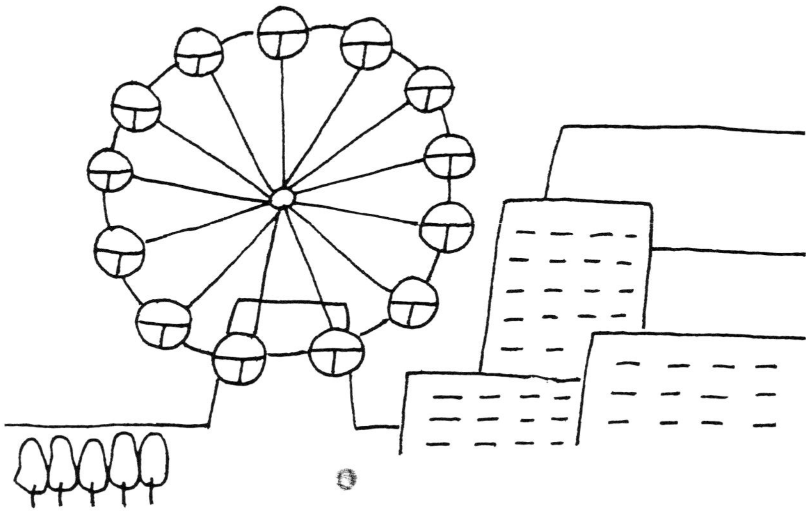

段落理解單元 8-2-4

段落理解單元 Q-1-1

段落理解單元 Q-1-2

段落理解單元 Q-1-3

段落理解單元 Q-2